# Wie viele sind es?

Datum: ____________

| 11 | ~~12~~ | ~~13~~ |
|---|---|---|

| 17 | 18 | 19 |
|---|---|---|

| 18 | 19 | 20 |
|---|---|---|

| 14 | 15 | 16 |
|---|---|---|

| 15 | 16 | 17 |
|---|---|---|

| 12 | 13 | 14 |
|---|---|---|

Falsche Zahlen durchstreichen.

# Bündeln

Datum: ____________

1

| Z | E |
|---|---|
| | |

| Z | E |
|---|---|
| | |

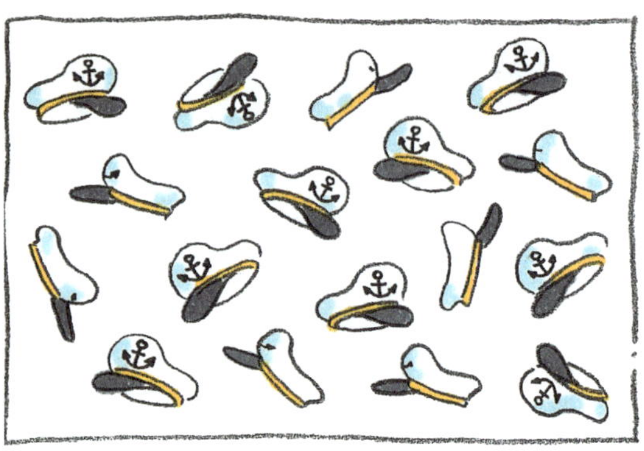

| Z | E |
|---|---|
| | |

| Z | E |
|---|---|
| | |

| Z | E |
|---|---|
| | |

| Z | E |
|---|---|
| | |

1 Immer erst 10 einkreisen.

# Bündeln

Datum: ____________

**1**

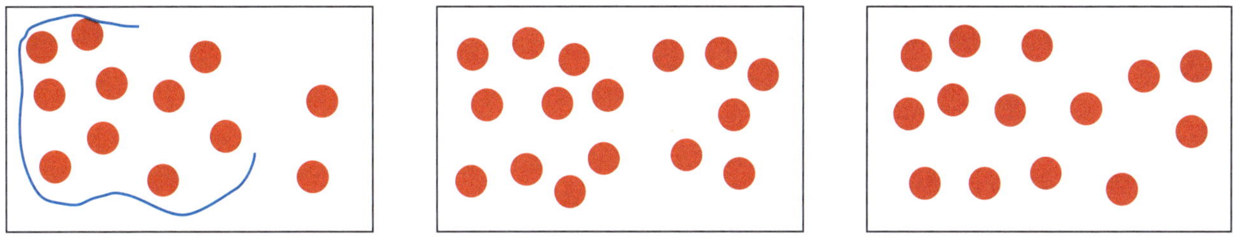

| Z | E |
|---|---|
| 1 | |

| Z | E |
|---|---|
| | |

| Z | E |
|---|---|
| | |

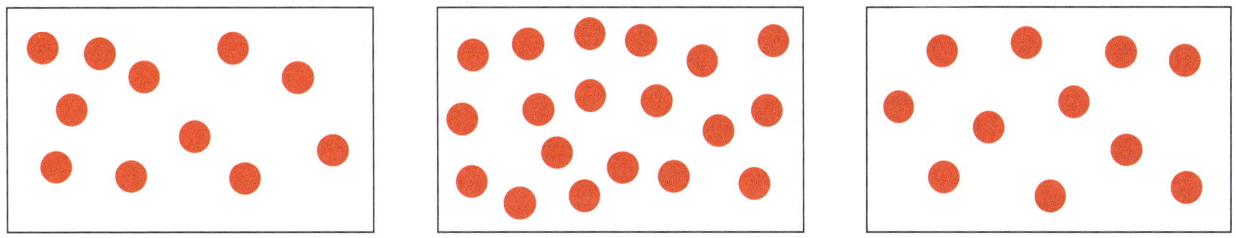

| Z | E |
|---|---|
| | |

| Z | E |
|---|---|
| | |

| Z | E |
|---|---|
| | |

**2**

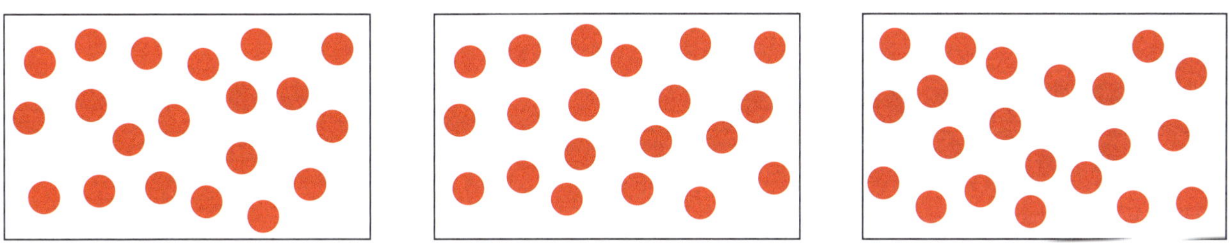

| Z | E |
|---|---|
| | |

| Z | E |
|---|---|
| | |

| Z | E |
|---|---|
| | |

**3**

| Z | E |
|---|---|
| | |

| Z | E |
|---|---|
| | |

| Z | E |
|---|---|
| | |

| Z | E |
|---|---|
| | |

| Z | E |
|---|---|
| | |

| Z | E |
|---|---|
| | |

| Z | E |
|---|---|
| | |

| Z | E |
|---|---|
| | |

# Zahlen bis 20 und darüber

Datum: ____________

**1**

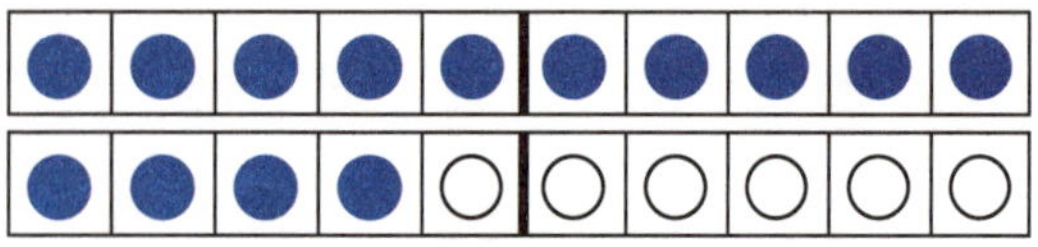

| Z | E |
|---|---|
| 1 | 4 |

14

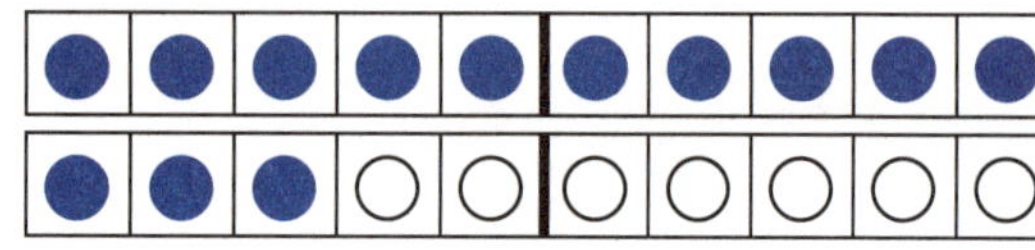

| Z | E |
|---|---|
|  |  |

____

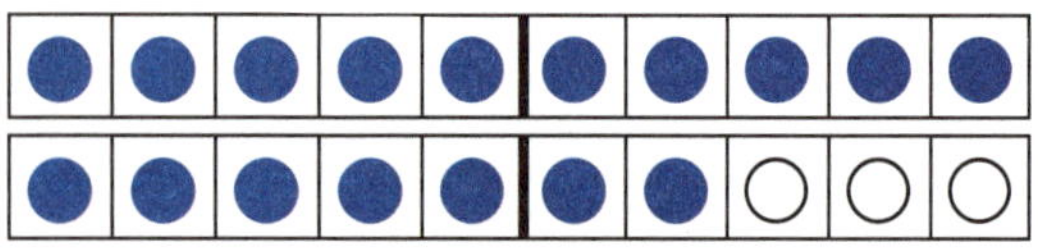

| Z | E |
|---|---|
|  |  |

____

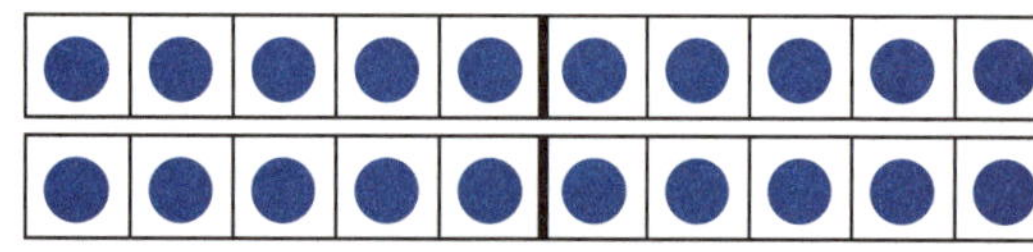

| Z | E |
|---|---|
|  |  |

____

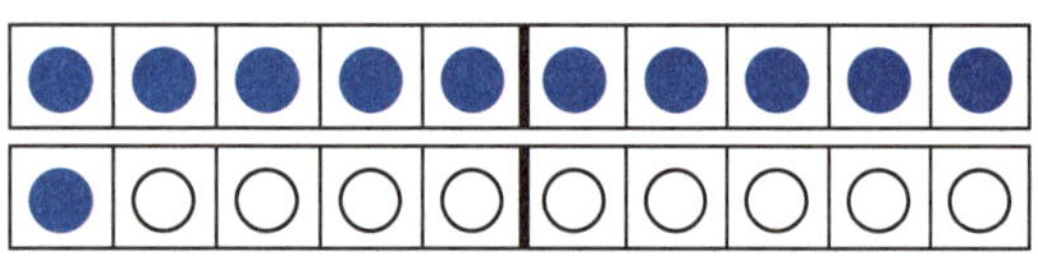

| Z | E |
|---|---|
|  |  |

____

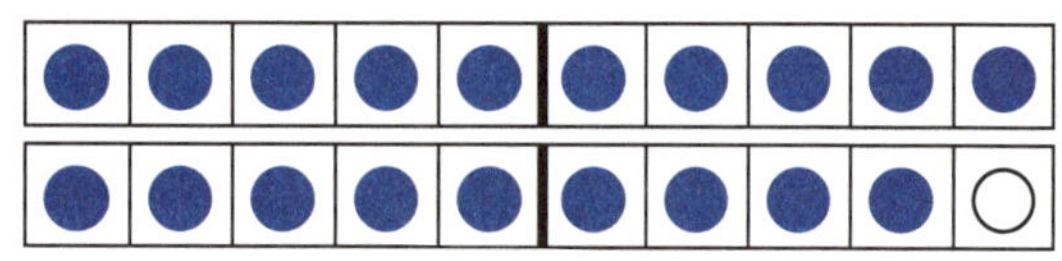

| Z | E |
|---|---|
|  |  |

____

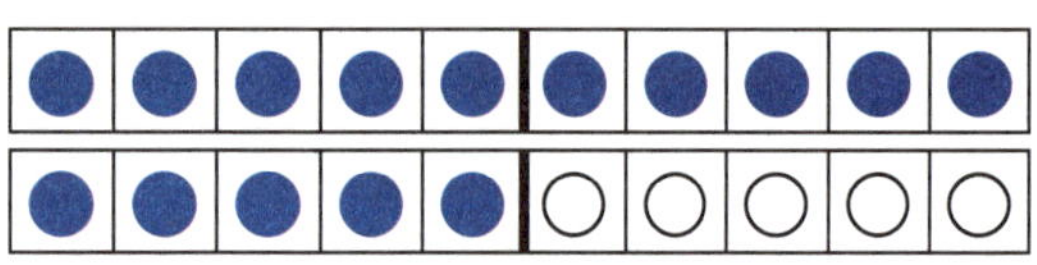

| Z | E |
|---|---|
|  |  |

____

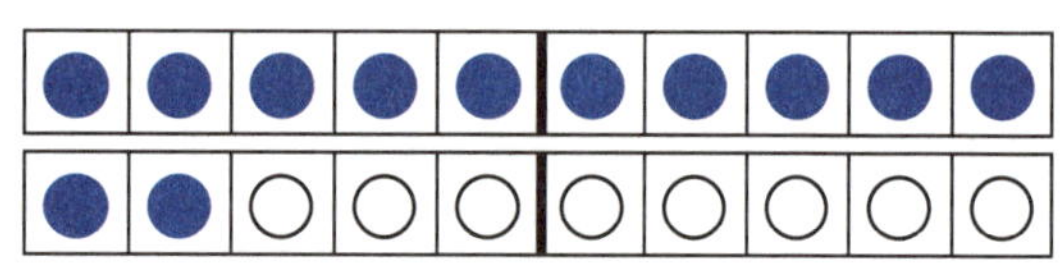

| Z | E |
|---|---|
|  |  |

____

**2**

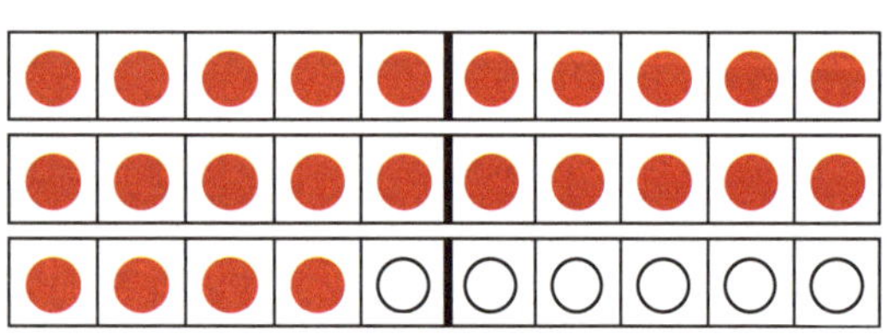

| Z | E |
|---|---|
|  |  |

____

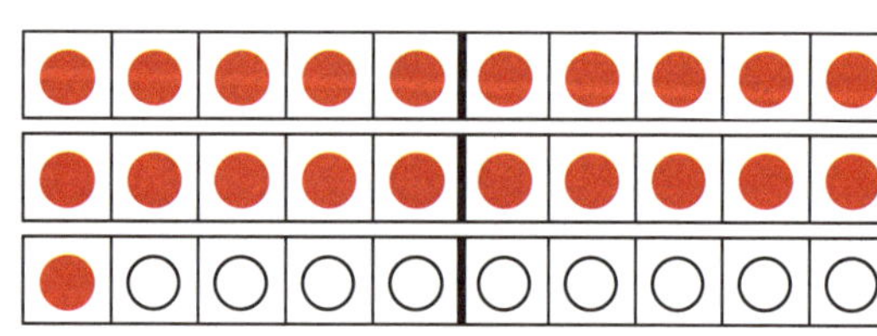

| Z | E |
|---|---|
|  |  |

____

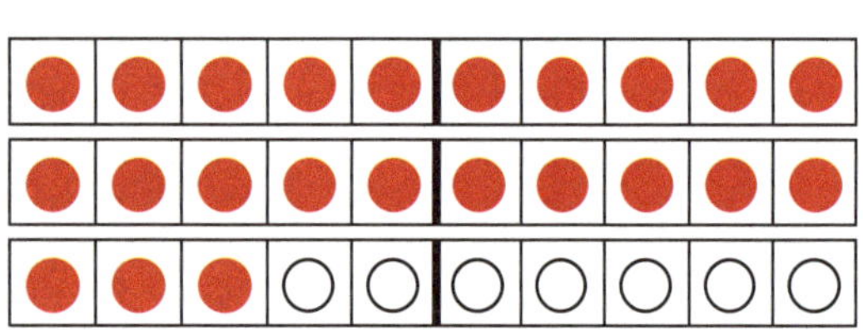

| Z | E |
|---|---|
|  |  |

____

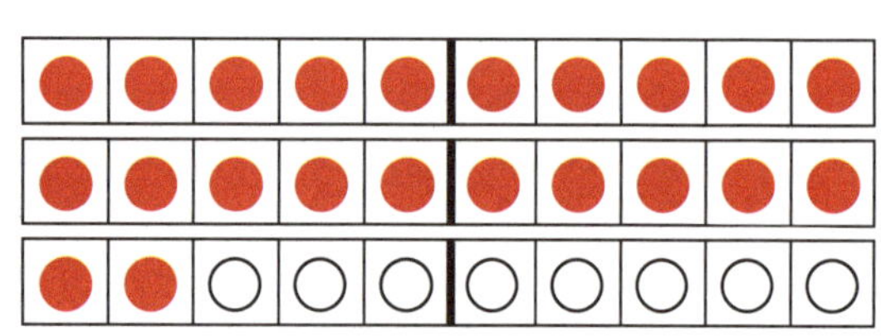

| Z | E |
|---|---|
|  |  |

____

# Zahlen bis 20 und darüber

Datum: ____________

**1**

| Z | E |
|---|---|
| 1 | 4 |

14

| Z | E |
|---|---|
| 1 | 1 |

____

| Z | E |
|---|---|
| 1 | 6 |

____

| Z | E |
|---|---|
| 1 | 8 |

____

**2**

| Z | E |
|---|---|
|  |  |

____

| Z | E |
|---|---|
|  |  |

____

**3**

| Z | E |
|---|---|
|  |  |

____

| Z | E |
|---|---|
|  |  |

____

**4**

| Z | E |
|---|---|
| 1 | 3 |

1 Z + 3 E = 13

| Z | E |
|---|---|
| 1 | 7 |

1 Z + ____ = ____

| Z | E |
|---|---|
| 1 | 9 |

____________

| Z | E |
|---|---|
| 1 | 2 |

____________

| Z | E |
|---|---|
| 0 | 9 |

____________

| Z | E |
|---|---|
| 1 | 5 |

____________

| Z | E |
|---|---|
| 2 | 0 |

____________

2, 3 Selbst Plättchen malen und passende Zahl schreiben.

# Zahlen bis 20

Datum: ____________

1

1 Sack, Tafel und Rechenstreifen verbinden.

# Zahlenreihe bis 20 und darüber

Datum: ____________

1

2

3

4

2 Zahlen eintragen. 3 Fahnen färben, Zahlen eintragen. 4 Fahnen färben, fehlende Fahnen beschriften.

# Zahlenreihe bis 20 und darüber

Datum: ____________

**1**

| | | |
|---|---|---|
| 11 | ●●●●● ●●●●● | ●○○○○ ○○○○○ |
| 12 | ○○○○○ ○○○○○ | ○○○○○ ○○○○○ |
| 13 | ○○○○○ ○○○○○ | ○○○○○ ○○○○○ |
| 14 | ○○○○○ ○○○○○ | ○○○○○ ○○○○○ |
| 15 | ○○○○○ ○○○○○ | ○○○○○ ○○○○○ |
| 16 | ○○○○○ ○○○○○ | ○○○○○ ○○○○○ |
| 17 | ○○○○○ ○○○○○ | ○○○○○ ○○○○○ |
| 18 | ○○○○○ ○○○○○ | ○○○○○ ○○○○○ |
| 19 | ○○○○○ ○○○○○ | ○○○○○ ○○○○○ |
| 20 | ○○○○○ ○○○○○ | ○○○○○ ○○○○○ |

**2**

**3**

3 Fahnen in der richtigen Reihenfolge aufhängen.

# Zählen in Schritten

Datum: ____________

**1**

0, 2, 4, ______________________________

3, 5, ______________________________

**2**

20, 18, ______________________________

17, 15, ______________________________

**3**

0, 3, 6, ______________________________

2, 5, ______________________________

**4**

21, 18, ______________________________

19, 16, ______________________________

**5** Wie hüpfst du?

______________________________

______________________________

5 In verschiedenen Schritten zählen.

# Vorgänger und Nachfolger

Datum: ____________

1

2

| | | |
|---|---|---|
| 1 | 2 | 3 |
| | 4 | |
| | 7 | |
| | 9 | |
| | 6 | |

| | | |
|---|---|---|
| | 15 | |
| | 18 | |
| | 17 | |
| | 19 | |
| | 16 | |

# Vorgänger und Nachfolger

Datum: ____________

Vorgänger | Zahl | Nachfolger

**1**

| V | Z | N |
|---|---|---|
| | 10 | |
| | 8 | |
| | 4 | |
| | 15 | |

| V | Z | N |
|---|---|---|
| | 7 | |
| | 17 | |
| | 3 | |
| | 13 | |

| V | Z | N |
|---|---|---|
| | 9 | |
| | 16 | |
| | 6 | |
| | 20 | |

**2**

| V | Z | N |
|---|---|---|
| 11 | 12 | |
| 4 | | |
| | 8 | |
| | | 10 |

| V | Z | N |
|---|---|---|
| 12 | | |
| | | 15 |
| | | 21 |
| | 17 | |

| V | Z | N |
|---|---|---|
| | | 10 |
| | | 20 |
| | 2 | |
| | 12 | |

**3**

| V | Z | N |
|---|---|---|
| | | |
| | | |
| | | |

| V | Z | N |
|---|---|---|
| | | |
| | | |
| | | |

| V | Z | N |
|---|---|---|
| | | |
| | | |
| | | |

**4**

3 Eigene Beispiele finden.

# Kleiner, größer oder gleich?

Datum: ____________

2 < 5   6 > 2   3 = 3

**1**

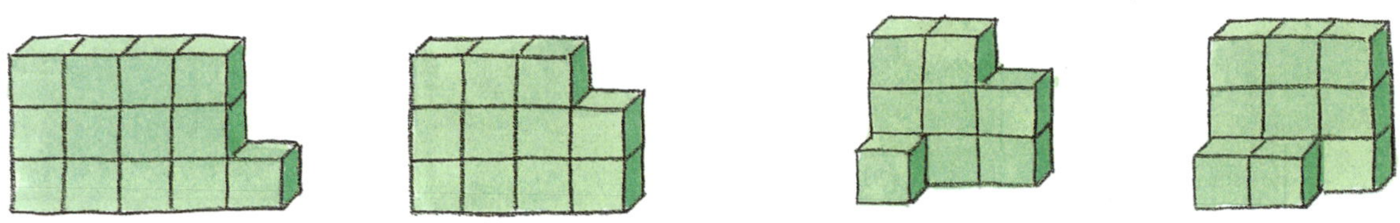

☐ ◯ ☐   ☐ ◯ ☐

☐ ◯ ☐   ☐ ◯ ☐

**2**

| | | | | | |
|---|---|---|---|---|---|
| 16 | ◯ | 14 | 12 | ◯ | 10 |
| 17 | ◯ | 19 | 9 | ◯ | 9 |
| 3 | ◯ | 11 | 20 | ◯ | 18 |
| 15 | ◯ | 7 | 7 | ◯ | 17 |

**3** (<), (>) oder (=)

| | | | | | | | | | | | | | | |
|---|---|---|---|---|---|---|---|---|---|---|---|---|---|---|
| 17 | ◯ | 16 | 17 | ◯ | 7 | 12 | ◯ | 14 | 11 | ◯ | 19 | 14 | ◯ | 3 |
| 14 | ◯ | 18 | 18 | ◯ | 8 | 20 | ◯ | 20 | 17 | ◯ | 9 | 19 | ◯ | 20 |

**4**

| | | | |
|---|---|---|---|
| 2 > 1 ____ | 18 > 19 ____ | 12 > 9 ____ | 0 < 3 ____ |
| 3 < ~~2~~ 4 ____ | 13 > 12 ____ | 19 < 20 ____ | 7 > 6 ____ |
| 1 < 0 ____ | 14 > 15 ____ | 10 < 1 ____ | 17 < 7 ____ |

4 Falsche Zahl durchstreichen, eine richtige Zahl aufschreiben.

# Kleiner, größer oder gleich?

Datum: ____________

**1** Welche Zahlen gewinnen? Male sie an.

Gewinn: ◯ < 10 | Gewinn: ◯ > 12 | Gewinn: ◯ < 15

**2** Welche Zahlen passen?

| | | | | |
|---|---|---|---|---|
| ____ < 13 | 12 < ____ | ____ < 11 | 16 > ____ | 21 > ____ |
| ____ < 13 | 12 < ____ | ____ < 11 | 16 > ____ | 21 > ____ |
| ____ < 13 | 12 < ____ | ____ < 11 | 16 > ____ | 21 > ____ |
| ____ < 13 | 12 < ____ | ____ < 11 | 16 > ____ | 21 > ____ |

**3**

| 11, 9, 20, 15, 13, 19 | 6, 21, 11, 12, 8, 16 | 15, 3, 11, 0, 13, 17 |
|---|---|---|
| 13 < ____ | ____ > ____ | ____ < ____ |
| ____ < ____ | ____ > ____ | ____ < ____ |
| ____ < ____ | ____ > ____ | ____ < ____ |

**4**

| | | |
|---|---|---|
| ____ < ____ | ____ > ____ | ____ < ____ |
| ____ < ____ | ____ > ____ | ____ < ____ |
| ____ < ____ | ____ > ____ | ____ < ____ |

4 Immer 6 Zahlen schreiben und vergleichen.

# Ordnungszahlen bis 20

Datum: ____________

**1**

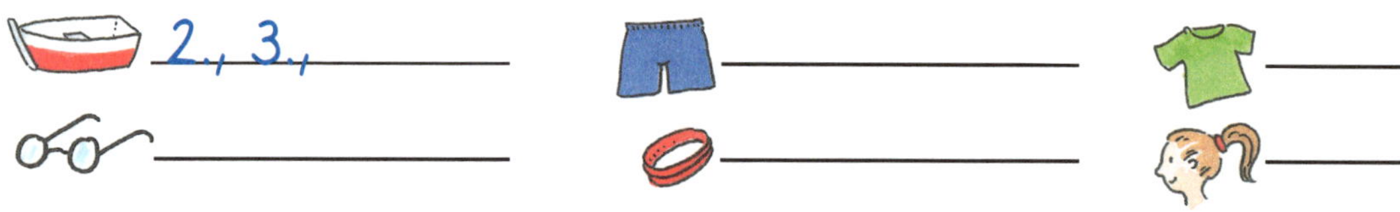


**2**

6. 11. 5. 1. 14. 7.

**3** Preisverleihung beim Rudern.

| 4. Platz bis 6. Platz | 7. Platz bis 8. Platz | 9. Platz bis 12. Platz | 13. Platz bis 15. Platz |
|---|---|---|---|

| | 1. Platz | 3. Platz | 5. Platz | 10. Platz | | | |
|---|---|---|---|---|---|---|---|
| Gewinn |  | | | |  |  |  |

1 Richtige Reihenfolge eintragen. Platz der Kinder mit Zopf, Brille, . . . aufschreiben. 3 Preise malen und mögliche Plätze aufschreiben.

# Addieren im zweiten Zehner

Datum: ____________

14 + 2 = ___

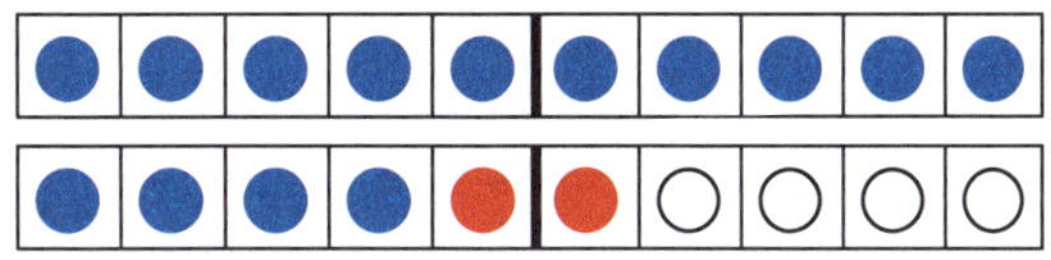

**1**

| | | | |
|---|---|---|---|
| 4 + 4 = ___ | 5 + 2 = ___ | 5 + 5 = ___ | 2 + 4 = ___ |
| 14 + 4 = ___ | 15 + 2 = ___ | 15 + 5 = ___ | 12 + 4 = ___ |
| 3 + 5 = ___ | 4 + 4 = ___ | 6 + 2 = ___ | 2 + 7 = ___ |
| 13 + 5 = ___ | 14 + 4 = ___ | 16 + 2 = ___ | 12 + 7 = ___ |

**2**

7 + 3 = ___  
1 + 9 = ___  
14 + 5 = ___  
4 + 4 = ___  
17 + 3 = ___  
4 + 5 = ___  
14 + 4 = ___  
11 + 9 = ___

**3**

| | | | |
|---|---|---|---|
| 7 + 2 = ___ | 3 + ______ | ______ | ______ |
| 17 + 2 = ___ | 13 + 6 = ___ | 18 + 1 = ___ | 14 + 5 = ___ |
| 6 + ______ | ______ | ______ | ______ |
| 16 + 3 = ___ | 11 + 7 = ___ | 12 + 5 = ___ | 15 + 1 = ___ |

**4**

| | | | |
|---|---|---|---|
| 4 + ___ = 9 | ___ + ___ = 9 | ___ + ___ = 9 | ___ + ___ = 9 |
| 14 + ___ = 19 | ___ + ___ = 19 | ___ + ___ = 19 | ___ + ___ = 19 |

**5**

| | | | |
|---|---|---|---|
| ___ + ___ = ___ | ___ + ___ = ___ | ___ + ___ = ___ | ___ + ___ = ___ |
| ___ + ___ = ___ | ___ + ___ = ___ | ___ + ___ = ___ | ___ + ___ = ___ |
| ___ + ___ = ___ | ___ + ___ = ___ | ___ + ___ = ___ | |
| ___ + ___ = ___ | ___ + ___ = ___ | ___ + ___ = ___ | |

2 Zusammengehörende Aufgaben gleich färben. 4, 5 Zusammengehörende Aufgaben finden.

# Addieren im zweiten Zehner

Datum: ____________

**1**

| + | 3 | 4 | 5 |
|---|---|---|---|
| 13 | | | |
| 15 | | | |
| 14 | | | |

| + | 2 | 4 | 6 |
|---|---|---|---|
| 12 | | | |
| 14 | | | |
| 11 | | | |

| + | 8 | 7 | 5 |
|---|---|---|---|
| 10 | | | |
| 11 | | | |
| 12 | | | |

**2**

14 + 0 = ____
14 + 1 = ____
14 + 2 = ____
14 + 3 = ____
____________
____________

11 + 8 = ____
11 + 7 = ____
11 + ____ = ____
____________
____________
____________

3 + 12 = ____
3 + 13 = ____
3 + ____ = ____
____________
____________
____________

2 + 18 = ____
3 + 17 = ____
4 + 16 = ____
____________
____________
____________

**3** Was stellst du fest?

15 + 5 = ____
14 + 6 = ____
13 + 7 = ____
12 + 8 = ____

11 + 5 = ____
12 + 4 = ____
13 + 3 = ____
14 + 2 = ____

11 + 6 = ____
13 + 4 = ____
15 + 2 = ____
17 + 0 = ____

12 + 7 = ____
14 + 5 = ____
16 + 3 = ____
18 + 1 = ____

Das Ergebnis ist immer: 1 größer ☐, 1 kleiner ☐, gleich ☐.

**4**

13 + 5 = ____
15 + 3 = ____

15 + 2 = ____
12 + 5 = ____

16 + 1 = ____
11 + 6 = ____

12 + 6 = ____
16 + 2 = ____

17 + 2 = ____
12 + 7 = ____

15 + 4 = ____
14 + 5 = ____

**5**

16 + 4 = ____
14 + 6 = ____
14 + 2 = ____
____________

11 + 5 = ____
____________
____________
____________

____________
____________
____________
____________

____________
____________
____________
____________

5 Passende Aufgaben schreiben.

# Aufgabe und Tauschaufgabe

Datum: ____________

**1**

| | | |
|---|---|---|
| 3 + 14 = ____ | 2 + 17 = ____ | 4 + 16 = ____ |
| 14 + 3 = ____ | ____________ | ____________ |
| 1 + 19 = ____ | 5 + 12 = ____ | 3 + 16 = ____ |
| ____________ | ____________ | ____________ |

**2**

13 + 3 = ____   5 + 14 = ____   14 + 5 = ____

18 + 2 = ____   14 + 1 = ____   4 + 14 = ____

14 + 4 = ____   3 + 13 = ____   1 + 14 = ____   2 + 18 = ____

**3**

| | | | |
|---|---|---|---|
| 15 + 3 = ____ | 12 + 4 = ____ | 15 + 1 = ____ | 2 + 15 = ____ |
| 8 + 12 = ____ | 6 + 13 = ____ | 3 + 13 = ____ | 1 + 16 = ____ |
| 13 + 4 = ____ | 7 + 11 = ____ | 7 + 12 = ____ | 13 + 5 = ____ |
| 11 + 5 = ____ | 12 + 2 = ____ | 1 + 18 = ____ | 5 + 15 = ____ |

**4**

**5**

| | | | |
|---|---|---|---|
| 3 + 3 = ____ | 2 + 7 = ____ | ____________ | ____________ |
| 3 + 13 = ____ | 2 + 17 = ____ | ____________ | ____________ |
| 3 + 23 = ____ | 2 + 27 = ____ | ____________ | ____________ |

(2) Aufgabe und Tauschaufgabe mit gleicher Farbe anmalen. (5) Aufgabenfolge schreiben.

# Subtrahieren im zweiten Zehner

Datum: ___

16 – 2 = ___

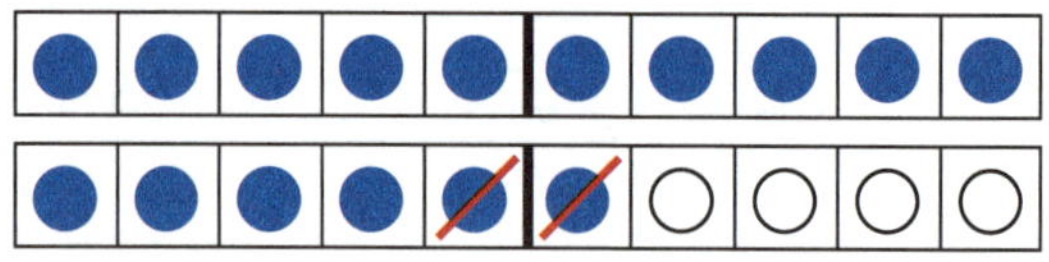

**1**

7 – 5 = ___ 3 – 2 = ___ 8 – 4 = ___ 6 – 1 = ___
17 – 5 = ___ 13 – 2 = ___ 18 – 4 = ___ 16 – 1 = ___

4 – 2 = ___ 9 – 5 = ___ 7 – 4 = ___ 8 – 7 = ___
14 – 2 = ___ 19 – 5 = ___ 17 – 4 = ___ 18 – 7 = ___

**2**

5 – 2 = ___ 19 – 7 = ___ 18 – 5 = ___
17 – 1 = ___
8 – 5 = ___ 15 – 2 = ___ 7 – 1 = ___ 9 – 7 = ___

**3**

9 – 8 = ___ 6 – ___ ___ ___
19 – 8 = ___ 16 – 4 = ___ 14 – 3 = ___ 15 – 5 = ___

6 – ___ ___ ___ ___
16 – 2 = ___ 14 – 1 = ___ 18 – 6 = ___ 15 – 4 = ___

**4**

9 – ___ = 2 ___ – ___ = 2 ___ – ___ = 2 ___ – ___ = 2
19 – ___ = 12 ___ – ___ = 12 ___ – ___ = 12 ___ – ___ = 12

**5**

___ – ___ = ___ ___ – ___ = ___ ___ – ___ = ___ ___ – ___ = ___
___ – ___ = ___ ___ – ___ = ___ ___ – ___ = ___ ___ – ___ = ___

___ – ___ = ___ ___ – ___ = ___ ___ – ___ = ___ ___ – ___ = ___
___ – ___ = ___ ___ – ___ = ___ ___ – ___ = ___ ___ – ___ = ___

(2) Zusammengehörende Aufgaben gleich färben. (4), (5) Zusammengehörende Aufgaben finden.

# Subtrahieren im zweiten Zehner

Datum: ____________

**1**

| – | 4 | 0 | 3 |
|---|---|---|---|
| 14 | | | |
| 16 | | | |
| 17 | | | |

| – | 5 | 2 | 1 |
|---|---|---|---|
| 19 | | | |
| 15 | | | |
| 16 | | | |

| – | 2 | 7 | 6 |
|---|---|---|---|
| 17 | | | |
| 18 | | | |
| 19 | | | |

**2**

**3**

19 – 0 = ____ 17 – 7 = ____ 19 – 5 = ____ 13 – 2 = ____

19 – 1 = ____ 17 – 6 = ____ 18 – 5 = ____ 14 – 2 = ____

19 – 2 = ____ 17 – 5 = ____ 17 – 5 = ____ 15 – 2 = ____

19 – 3 = ____ ________ ________ ________

________ ________ ________ ________

**4** Was stellst du fest?

19 – 4 = ____ 18 – 5 = ____ 19 – 8 = ____ 17 – 5 = ____

18 – 3 = ____ 17 – 4 = ____ 18 – 7 = ____ 16 – 4 = ____

17 – 2 = ____ 16 – 3 = ____ 17 – 6 = ____ 15 – 3 = ____

16 – 1 = ____ 15 – 2 = ____ ________ ________

15 – 0 = ____ ________ ________ ________

Das Ergebnis ist immer: 1 größer ☐, 1 kleiner ☐, gleich ☐.

R12

# Übungen

Datum: ____________

**1**

| – | 4 | 2 | 5 |
|---|---|---|---|
| 7 | | | |
| 17 | | | |

| + | 3 | 6 | 4 |
|---|---|---|---|
| 4 | | | |
| 14 | | | |

| – | 7 | 3 | 5 |
|---|---|---|---|
| 8 | | | |
| 18 | | | |

**2**

| + | 4 | 3 | 6 |
|---|---|---|---|
| 12 | 16 | 15 | 16 |
| 14 | 19 | 17 | 20 |

____________________

____________________

| – | 2 | 5 | 7 |
|---|---|---|---|
| 17 | 19 | 13 | 10 |
| 20 | 18 | 15 | 13 |

____________________

____________________

**3**

| | | | |
|---|---|---|---|
| 2 + 6 = ____ | 7 – 5 = ____ | 4 + 5 = ____ | 9 – 3 = ____ |
| 12 + 6 = ____ | 17 – 5 = ____ | 14 + 5 = ____ | 19 – 3 = ____ |
| 22 + 6 = ____ | 27 – 5 = ____ | 24 + 5 = ____ | 29 – 3 = ____ |

**4**

2 Falsche Ergebnisse durchstreichen. Aufgaben mit richtigen Lösungen aufschreiben.
4 Passende Plus- und Minusaufgaben aufschreiben.

# Zahlen zerlegen

Datum: ___________

1

2

Zerlegungen auswendig wissen.

# Aufgaben zur 10

Datum: ____________

2 + ___ = 10

**1**

| | | | |
|---|---|---|---|
| 2 + ___ = 10 | 6 + ___ = 10 | 10 – ___ = 5 | 10 – ___ = 8 |
| 3 + ___ = 10 | 7 + ___ = 10 | 10 – ___ = 9 | 10 – ___ = 4 |
| 4 + ___ = 10 | 8 + ___ = 10 | 10 – ___ = 3 | 10 – ___ = 2 |
| 5 + ___ = 10 | 9 + ___ = 10 | 10 – ___ = 1 | 10 – ___ = 6 |

**2**

**3**

5 2 5

5 + 2 + 5 = ___

| | |
|---|---|
| 7 6 3 | 2 6 4 |
| ______________ | ______________ |
| 9 5 1 | 3 8 7 |
| ______________ | ______________ |
| 2 5 8 | 6 6 4 |
| ______________ | ______________ |

3 Aufgaben geschickt lösen.

# Verdoppeln

Datum: ____________

**1**

4 + 4 = 8

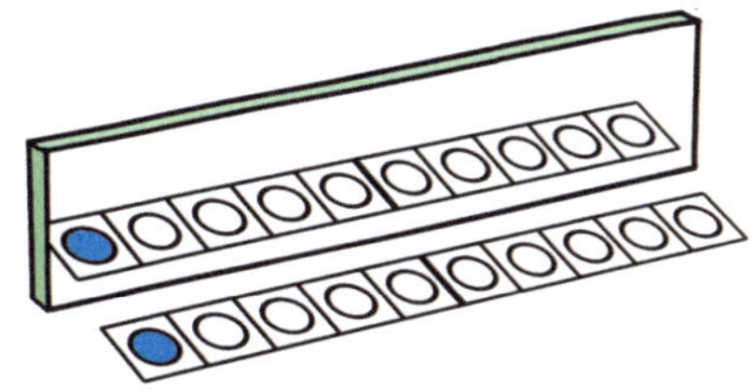

___ + ___ = ___

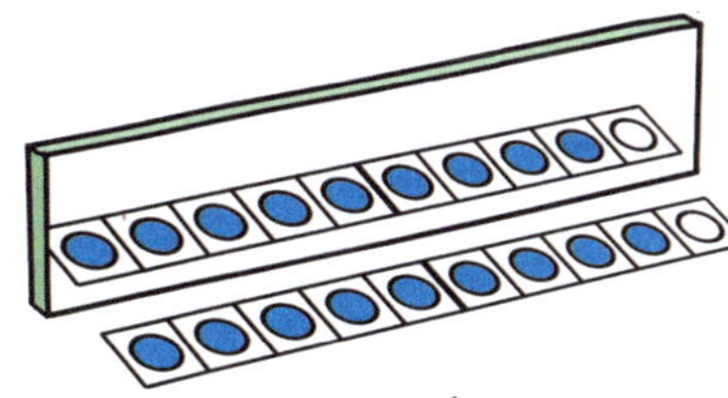

___ + ___ = ___

**2**

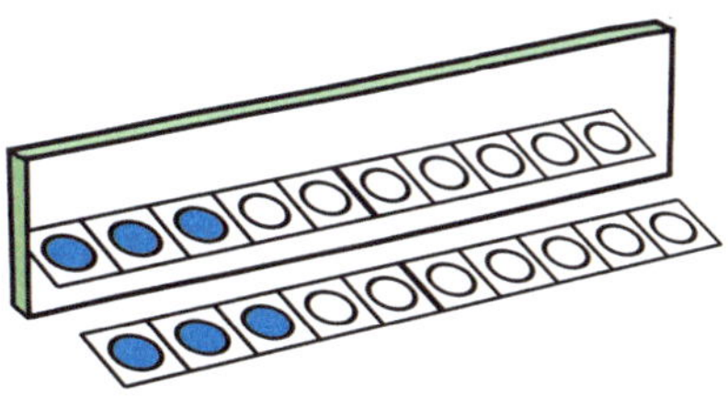

3 + 3 = ___

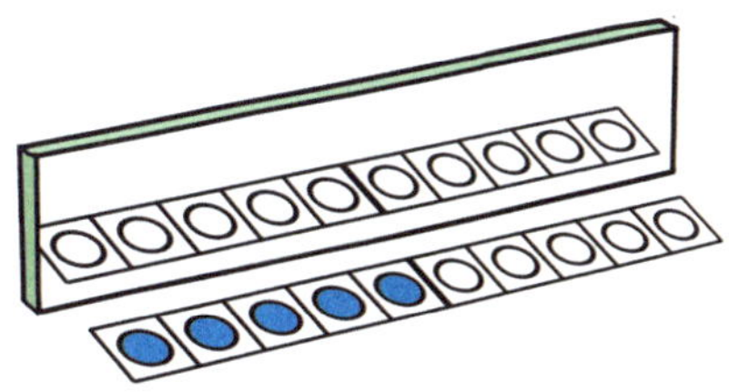

___ + ___ = ___

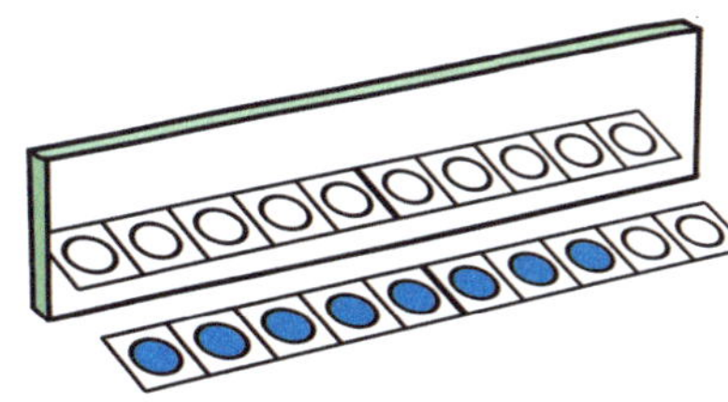

___ + ___ = ___

**3**

| | | | |
|---|---|---|---|
| 1 + 1 = ___ | 10 + 10 = ___ | 6 + 6 = ___ | 4 + 4 = ___ |
| 2 + 2 = ___ | 0 + 0 = ___ | 7 + 7 = ___ | 5 + 5 = ___ |

**4** Färbe die Zahl und das Doppelte gleich ein.

**5**

| Zahl | 3 | 9 | 7 | | 1 | | 10 | | 0 | | 2 | | 9 | |
|---|---|---|---|---|---|---|---|---|---|---|---|---|---|---|
| Doppelte | 6 | 18 | | 10 | | 4 | | 12 | | 16 | | 6 | | 8 |

**6** 11 + 11 = ____________ ____________ ____________ ____________

____________ ____________ ____________ ____________

6 Selbst Aufgaben zum Verdoppeln schreiben.

# Nachbaraufgaben

Datum: ____________

# Nachbaraufgaben

Datum: ____________

1

2

| | | | |
|---|---|---|---|
| 9 + 9 = ____ | 6 + 6 = ____ | 7 + 7 = ____ | 8 + 8 = ____ |
| 9 + 8 = ____ | 6 + 5 = ____ | 7 + 6 = ____ | 8 + ___ = ____ |
| 9 + 7 = ____ | 6 + 4 = ____ | 7 + 5 = ____ | 8 + ___ = ____ |
| __________ | __________ | __________ | __________ |

3

| | | | |
|---|---|---|---|
| 5 + 5 = ____ | 9 + 9 = ____ | 8 + 8 = ____ | 6 + 6 = ____ |
| 5 + 6 = ____ | 9 + 10 = ____ | 8 + ___ = ____ | 6 + ___ = ____ |
| 5 + 7 = ____ | 9 + 11 = ____ | 8 + ___ = ____ | 6 + ___ = ____ |
| __________ | __________ | __________ | __________ |

# Addieren mit Überschreiten

Datum: ________

| 8 + 7 = ____ |
|---|
| 8 + 2 = 10 |
| 10 + ________ |

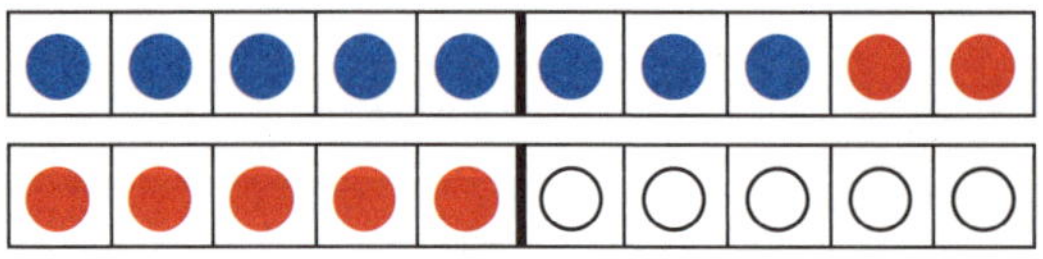

9 + 6 = ____

9 + 1 = 10

10 ________

5 + 7 = ____

________________

________________

8 + 5 = ____

________________

________________

9 + 4 = ____

________________

________________

7 + 9 = ____

________________

________________

8 + 3 = ____

________________

________________

9 + 3 = ____

________________

________________

7 + 4 = ____

________________

________________

# Addieren mit Überschreiten

Datum: ___________

7 + 8 = ___

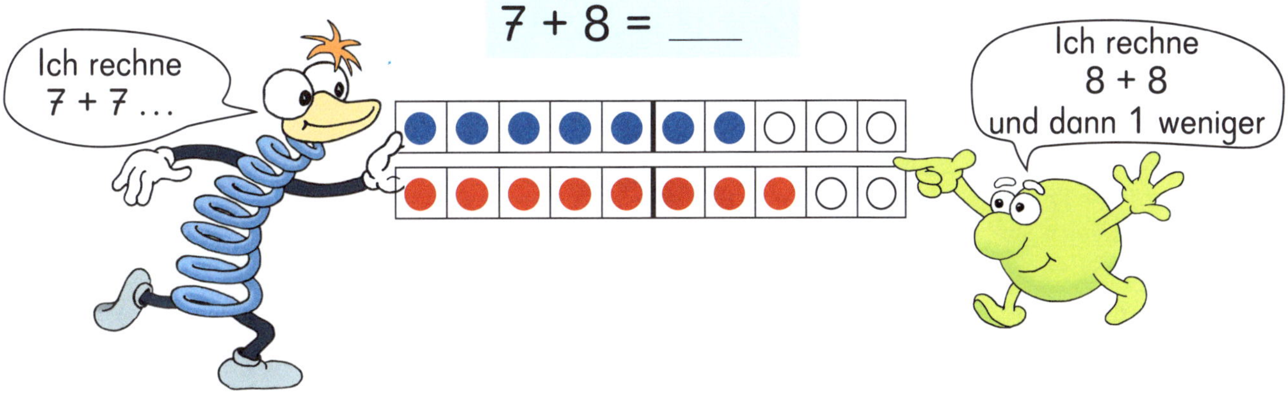


5 + 6 = ___

5 + ______________________

______________________

6 + 7 = ___

______________________

______________________

8 + 9 = ___

______________________

______________________

6 + 5 = ___

______________________

______________________

9 + 10 = ___

______________________

______________________

9 + 8 = ___

______________________

______________________

7 + 6 = ___

______________________

______________________

6 + 8 = ___

______________________

______________________

Aufgaben auf eigenen Wegen lösen und aufschreiben.
Verdoppelungsaufgaben als möglichen Lösungsweg kennenlernen.

# Addieren mit Überschreiten

Datum: ____________

| 2 + 9 = ____ |
| --- |
| 2 + ____ |
| ____ |

2 + 9 = ____

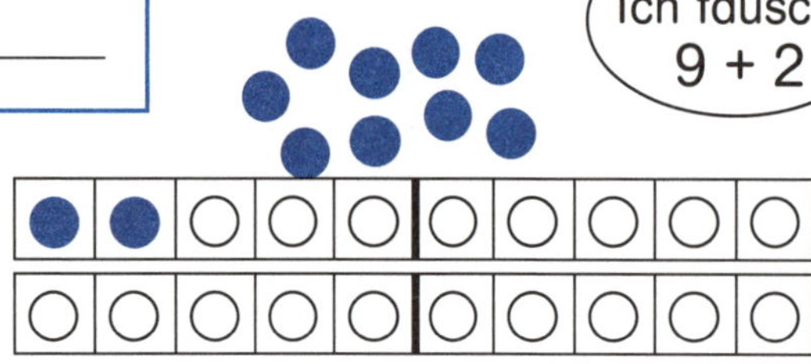

| 9 + 2 = ____ |
| --- |
| 9 + ____ |
| ____ |

**1**

3 + 8 oder 8 + 3

____
____
____

9 + 4 oder 4 + 9

____
____
____

6 + 9 oder 9 + 6

____
____
____

**2**

6 + 8 = ____

| 8 + 6 = ____ |
| --- |
| 8 + 2 = ____ |
| ____ |

| 8 + 4 | 9 + 7 | 8 + 7 | 7 + 5 |
| --- | --- | --- | --- |
| ____ | ____ | ____ | ____ |
| ____ | ____ | ____ | ____ |
| ____ | ____ | ____ | ____ |

**3**

| 5 + 7 | 8 + 9 | 7 + 6 | 9 + 5 |
| --- | --- | --- | --- |
| ____ | ____ | ____ | ____ |
| ____ | ____ | ____ | ____ |
| ____ | ____ | ____ | ____ |

**4**

| 4 + 9 = ____ | 2 + 9 = ____ | 3 + 8 = ____ |
| --- | --- | --- |
| ____ | ____ | ____ |
| ____ | ____ | ____ |

(3) Im Kopf rechnen oder die Zwischenschritte aufschreiben.

# Addieren mit Überschreiten

Datum: ____________

**1**

| | | | |
|---|---|---|---|
| 9 + 4 = 13 | 8 + 5 = ____ | 7 + 5 = ____ | 8 + 3 = ____ |
| 8 + 4 = ____ | 7 + 5 = ____ | 7 + 6 = ____ | 8 + 4 = ____ |
| 7 + 4 = ____ | 6 + 5 = ____ | 7 + 7 = ____ | 8 + 5 = ____ |
| 6 + 4 = ____ | 5 + 5 = ____ | 7 + 8 = ____ | 8 + 6 = ____ |

**2**

| | | | |
|---|---|---|---|
| 5 + 6 = ____ | 6 + 8 = ____ | 5 + 9 = ____ | 9 + 5 = ____ |
| 6 + 6 = ____ | 7 + 8 = ____ | 5 + 8 = ____ | 9 + 4 = ____ |
| 7 + 6 = ____ | 8 + 8 = ____ | 5 + 7 = ____ | 9 + 3 = ____ |
| 8 + 6 = ____ | 9 + 8 = ____ | 5 + 6 = ____ | 9 + 2 = ____ |

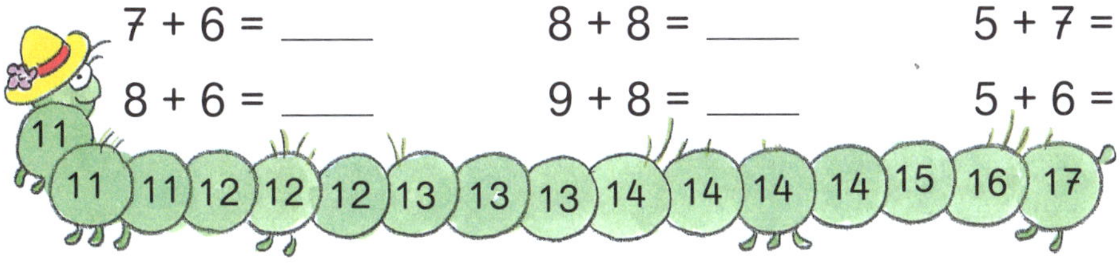


**3**

| + | 5 | 6 | 7 |
|---|---|---|---|
| 5 | | | |
| 6 | | | |

| + | 7 | 8 | 9 |
|---|---|---|---|
| 7 | | | |
| 8 | | | |

| + | 6 | 7 | 8 |
|---|---|---|---|
| 5 | | | |
| 7 | | | |

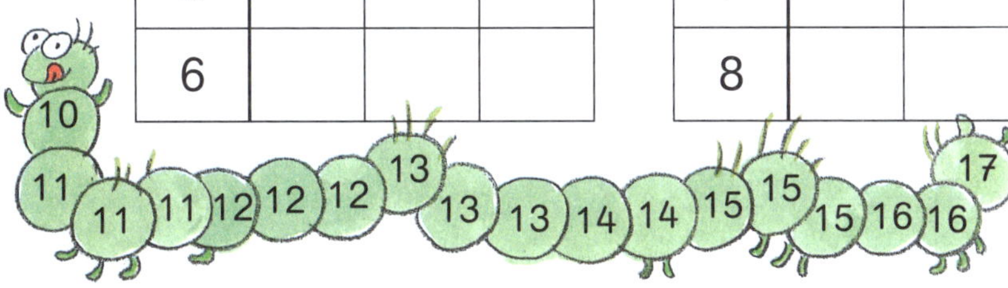


**4**

1 bis 3 Lösungen in der Raupe durchstreichen.

# Übungen zum Addieren

Datum: ____________

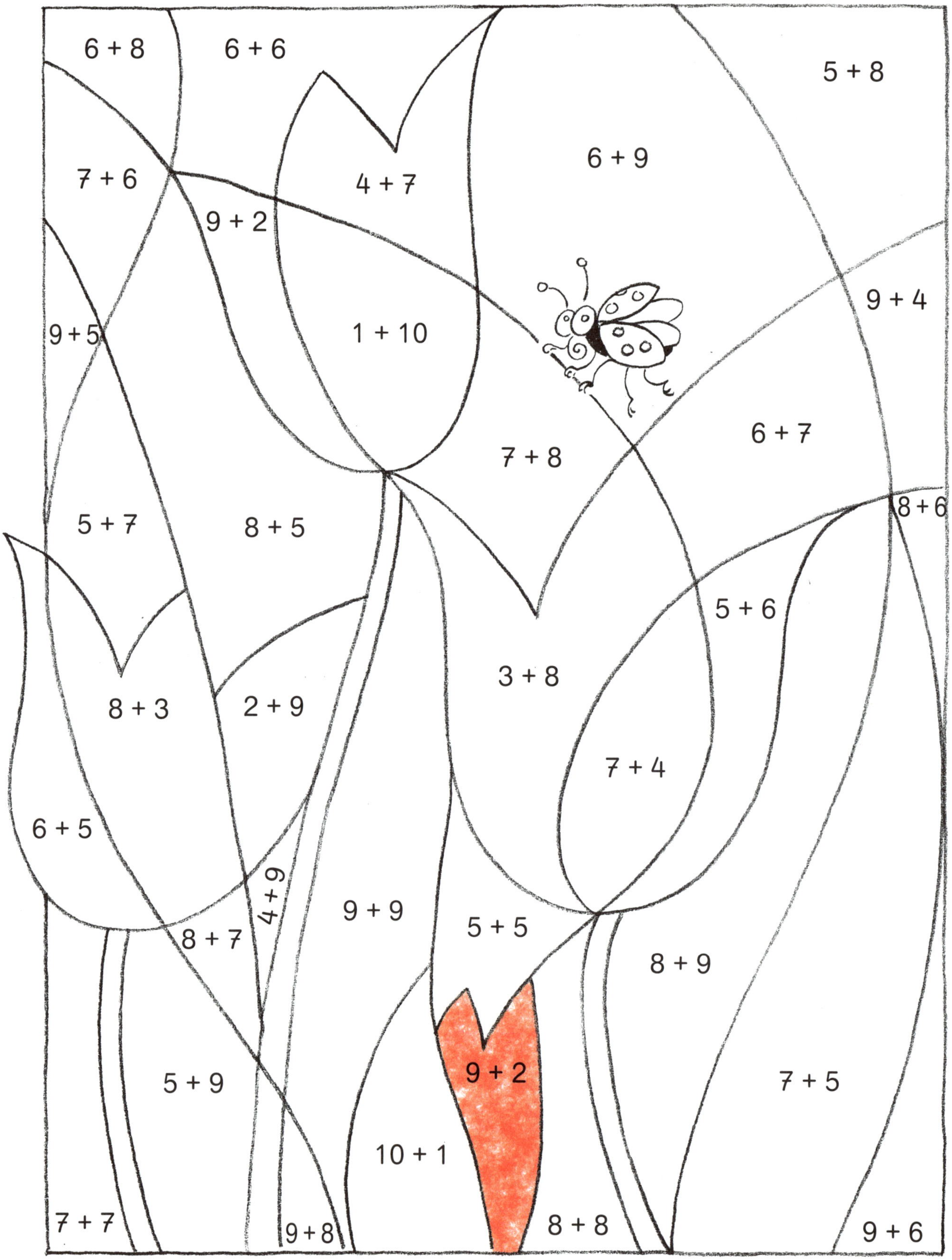


Ergebnis 11

# Übungen zum Addieren

Datum: ________

**1** Viele Plusaufgaben.

8 + 9 = 17

8 +

**2**

**3**

1, 2 Viele Aufgaben finden.

3 Passende Zahlen in die Blüten eintragen, die Summe steht auf der Vase.

# Addieren von 3 Zahlen

Datum: ____________

**1**

5 7 3

3 + 7 + 5 = ____  7 + __ + __ = ____  ______________

3 + 5 + 7 = ____  7 + __ + __ = ____  ______________

**2** Schreibe alle 6 Aufgaben auf.

4 9 6

______________ ______________ ______________

______________ ______________ ______________

**3**

| | | |
|---|---|---|
| 6 + 7 + 4 = ____ | 7 + 5 + 6 = ____ | 8 + 4 + 2 = ____ |
| 1 + 4 + 9 = ____ | 9 + 8 + 2 = ____ | 5 + 7 + 4 = ____ |
| 5 + 9 + 5 = ____ | 6 + 7 + 3 = ____ | 6 + 9 + 4 = ____ |

**4** 4 Fehler! Schreibe das richtige Ergebnis auf.

| | | |
|---|---|---|
| 8 + 2 + 3 = 13 ____ | 5 + 6 + 6 = 17 ____ | 5 + 6 + 5 = 15 ____ |
| 6 + 5 + 6 = 16 ____ | 6 + 8 + 2 = 15 ____ | 7 + 9 + 2 = 18 ____ |
| 4 + 8 + 0 = 12 ____ | 7 + 4 + 3 = 14 ____ | 8 + 8 + 3 = 18 ____ |
| 7 + 5 + 3 = 15 ____ | 4 + 7 + 7 = 18 ____ | 5 + 5 + 5 = 15 ____ |

**5**

8 + 4 + 2 = 14 ______________ ______________ ______________

______________ ______________ ______________ ______________

______________ ______________ ______________ ______________

______________ ______________ ______________ ______________

______________ ______________ ______________ ______________

______________ ______________ ______________ ______________

______________ ______________ ______________

5 Viele Aufgaben finden.

# Rechenmauern

Datum: ____________

**1**

| 10 | __ | __ | __ | __ | __ |
|---|---|---|---|---|---|
| 5 5 | 1 8 | 2 6 | 5 0 | 7 3 | 4 2 |

**2**

| __ | __ | __ |
|---|---|---|
| 8 __ | __ __ | __ __ |
| 1 7 3 | 2 2 6 | 5 4 3 |

**3**

| __ | __ | __ |
|---|---|---|
| __ 6 | 10 __ | __ 9 |
| 2 3 __ | __ 2 7 | 4 __ 8 |

**4**

| __ | __ | __ |
|---|---|---|
| __ __ | __ __ | __ __ |
| __ __ __ | __ __ __ | __ __ __ |
| 1 2 3 4 | 4 2 1 6 | 3 0 2 4 |

**5**

| __ | | 21 |
|---|---|---|
| __ __ | 18 | 11 __ |
| 5 __ 4 | 8 __ | 7 __ __ |
| __ 3 0 __ | 5 __ __ | 6 __ __ __ |
| | 3 __ 1 __ | |

# Halbieren

Datum: ____________

**1**

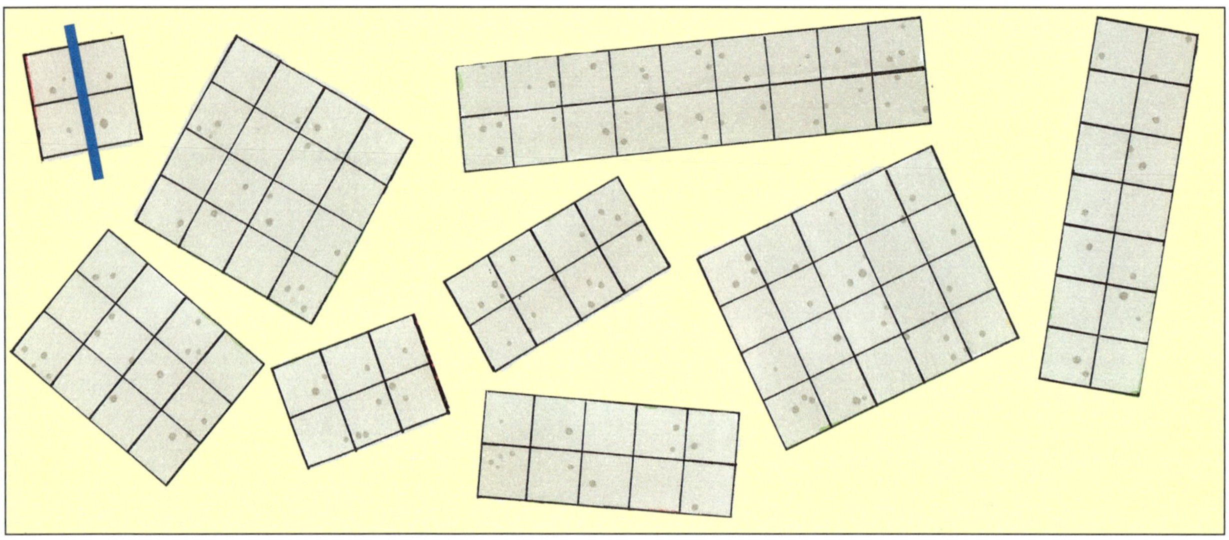

**2**

12 Kekse

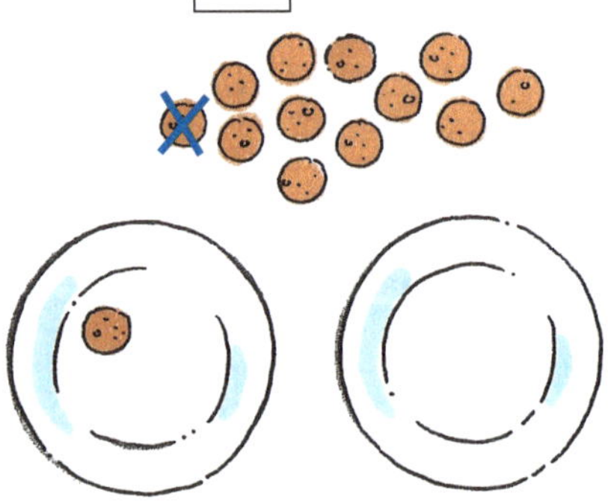

Kekse

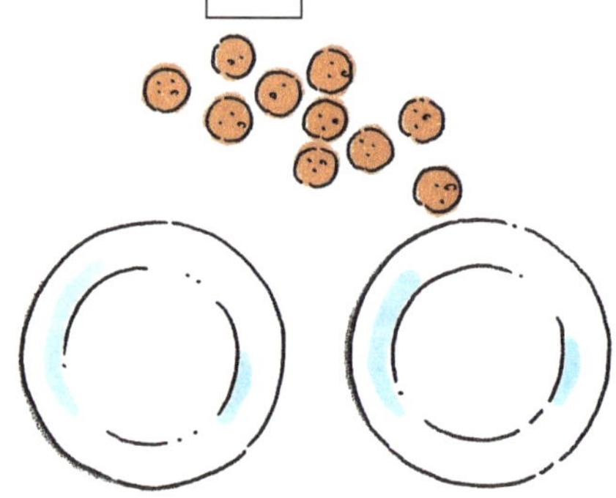

**3**

Gerecht oder ungerecht? Kreuze an.

gerecht ungerecht

gerecht ungerecht

gerecht ungerecht

1 Flächen halbieren. 2 Anzahl der Kekse halbieren.

# Halbieren

Datum: ____________

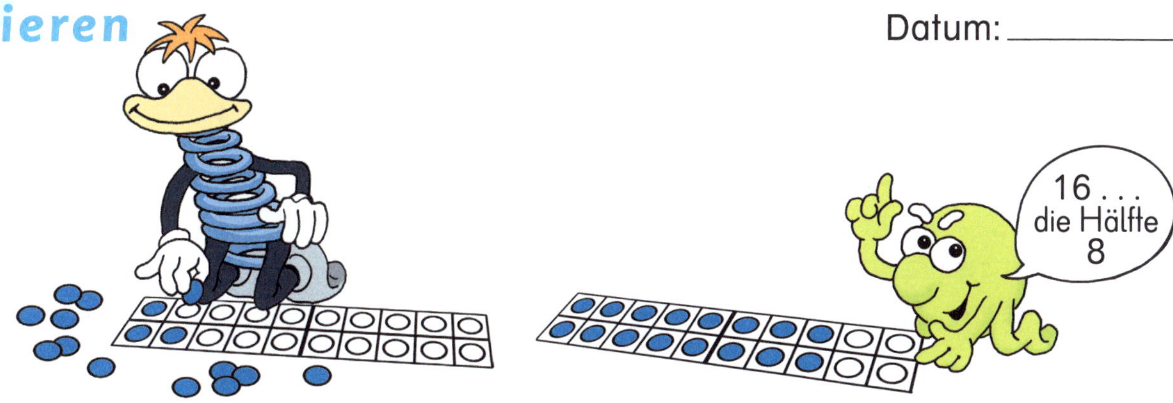


**1**

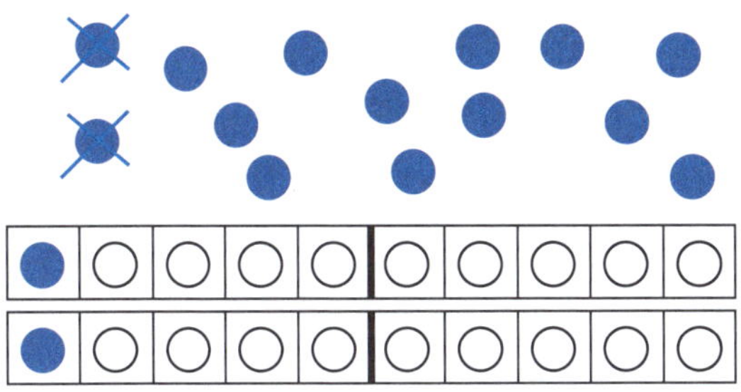

14 = ____ + ____

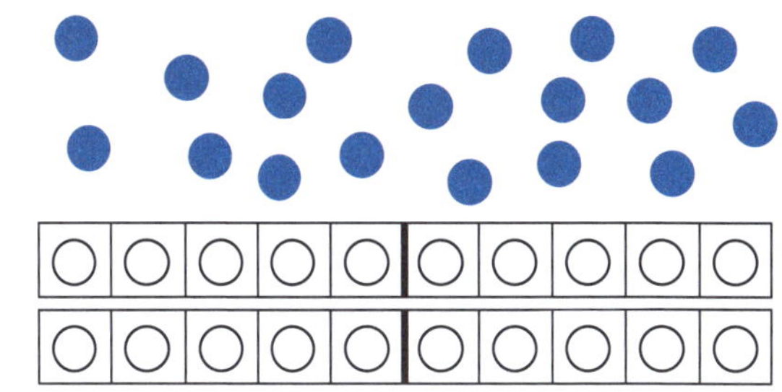

18 = ____ + ____

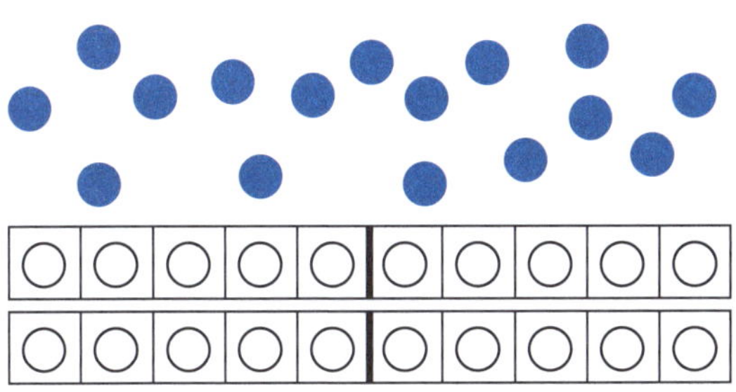

16 = ____ + ____

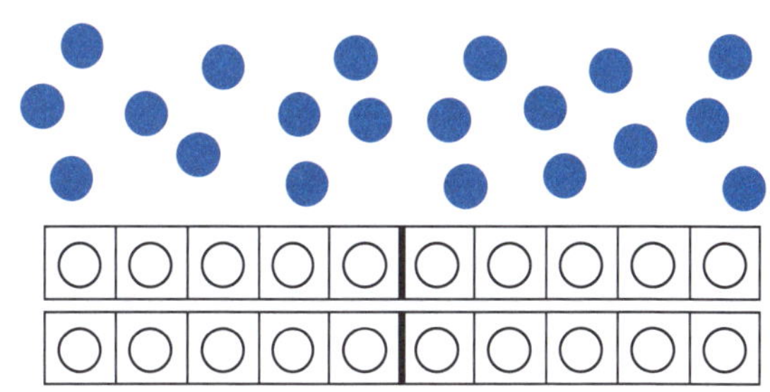

20 = ____ + ____

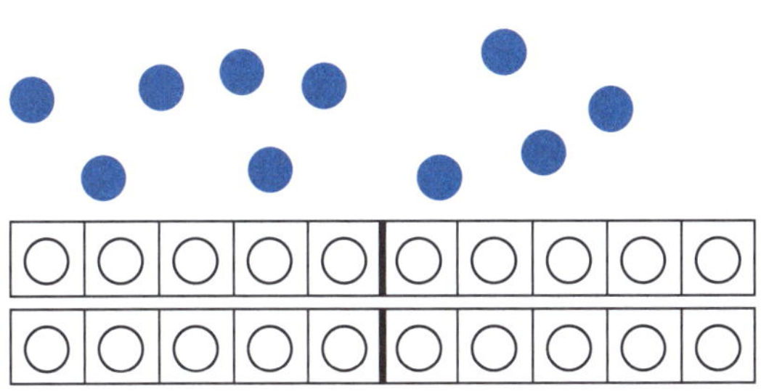

10 = ____ + ____

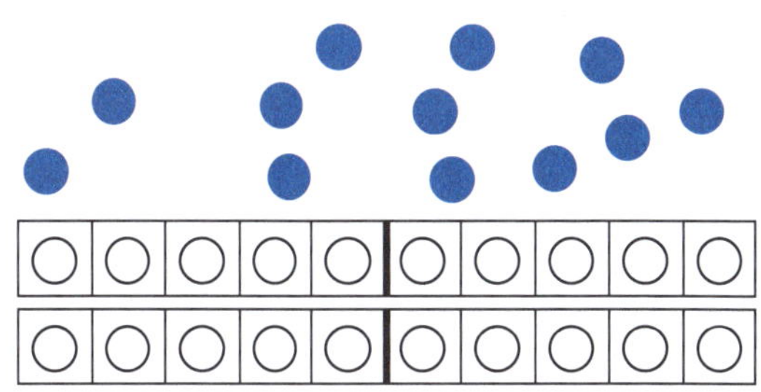

12 = ____ + ____

**2**

12 – 6 = ____  
14 – 7 = ____

10 – 5 = ____  
18 – 9 = ____

20 – 10 = ____  
16 – ____ = ____

**3**

| Zahl | 18 | 12 |  | 0 |  | 2 |  |  |  |  |  |
|---|---|---|---|---|---|---|---|---|---|---|---|
| Die Hälfte | 9 |  | 10 |  | 7 |  |  |  |  |  |  |

# Gerade und ungerade Zahlen

Datum: ____________

1

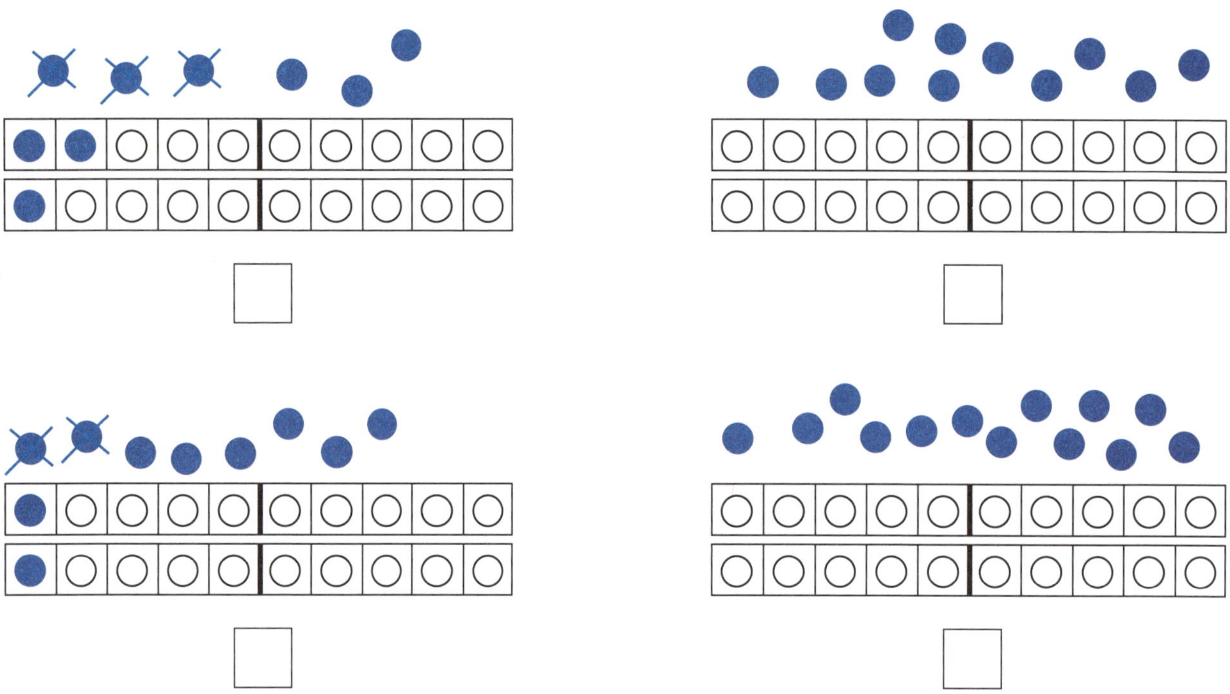

2

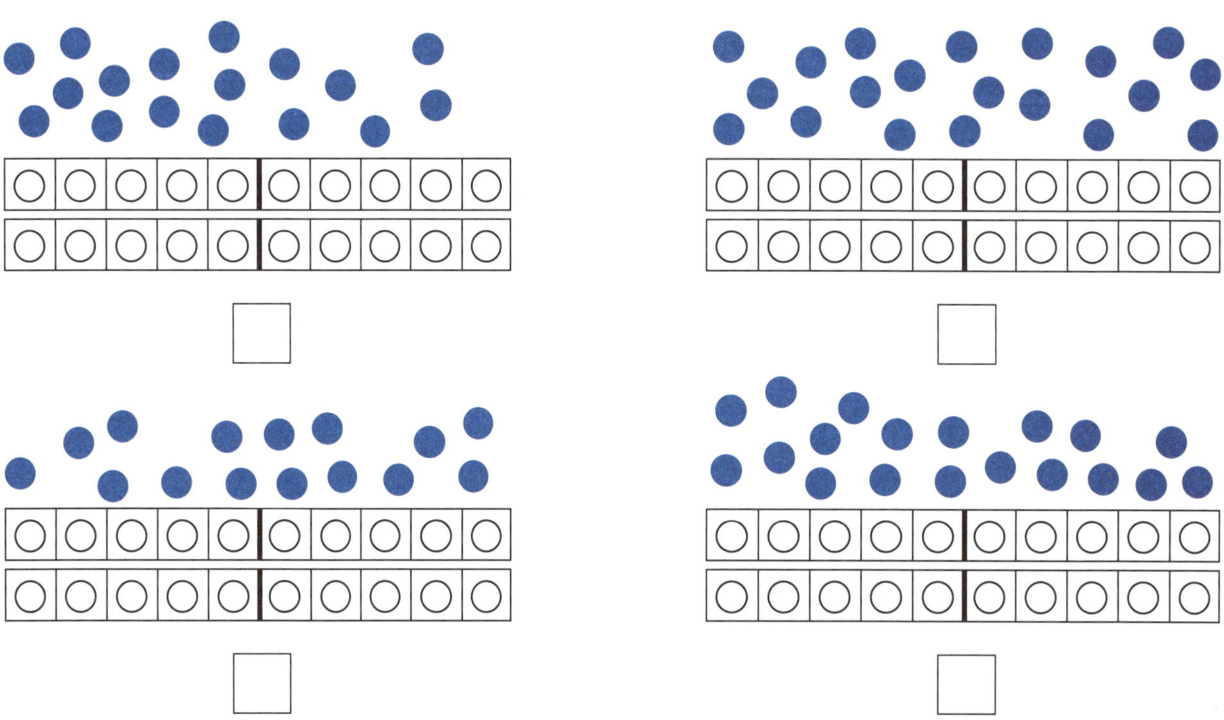

# Gerade und ungerade Zahlen

Datum: ____________

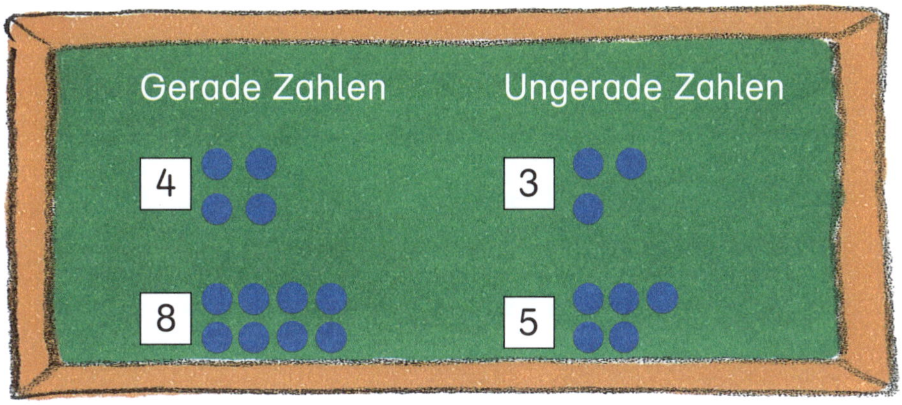


**1** Gerade oder ungerade Zahl? Entscheide.

☐ 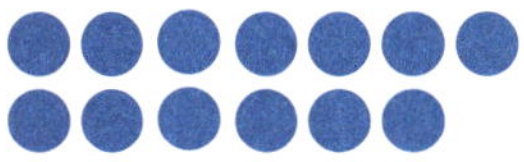

☐ gerade
☐ ungerade

☐ 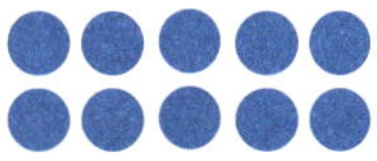

☐ gerade
☐ ungerade

☐ 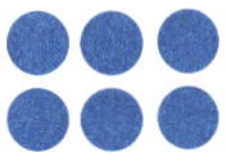

☐ gerade
☐ ungerade

**2**

(gelb) 1, 3, ______________________

(grün) ______________________

**3**

| 16 | 22 | 18 |
|---|---|---|
| 7 | ~~20~~ | 21 | 6 |
| 23 | 10 | | |
| 4 | 11 | 17 | 13 | 19 |

| Gerade | 20 | | | | | | |
|---|---|---|---|---|---|---|---|
| Ungerade | | | | | | | |

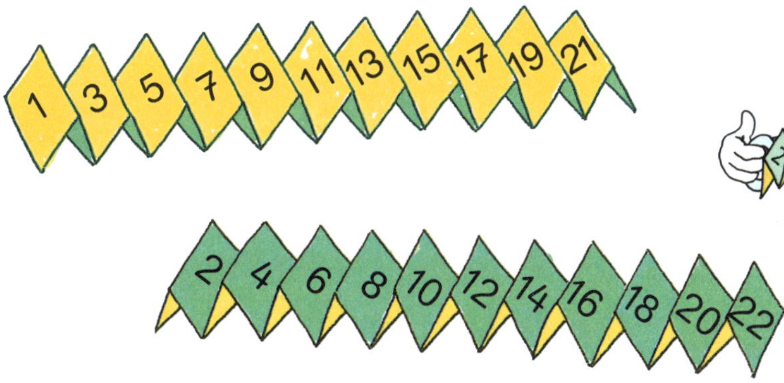

# Nachbaraufgaben

Datum: ____________

# Nachbaraufgaben

Datum: ____________

**1**

**2**

| | | | |
|---|---|---|---|
| 10 – 5 = ____ | 16 – 8 = ____ | 14 – 7 = ____ | 12 – 6 = ____ |
| 10 – 6 = ____ | 16 – 9 = ____ | 14 – 8 = ____ | 12 – 7 = ____ |
| 10 – 7 = ____ | 16 – 10 = ____ | 14 – 9 = ____ | 12 – 8 = ____ |
| ____________ | ____________ | ____________ | ____________ |

**3**

| | | | |
|---|---|---|---|
| 20 – 10 = ____ | 12 – 6 = ____ | 18 – 9 = ____ | 16 – 8 = ____ |
| 20 – 9 = ____ | 12 – 5 = ____ | 18 – 8 = ____ | 16 – 7 = ____ |
| 20 – 8 = ____ | 12 – 4 = ____ | 18 – 7 = ____ | 16 – 6 = ____ |
| ____________ | ____________ | ____________ | ____________ |

# Subtrahieren mit Überschreiten

Datum: ____________

13 – 6 = ____

13 – 3 = 10

10 ____________

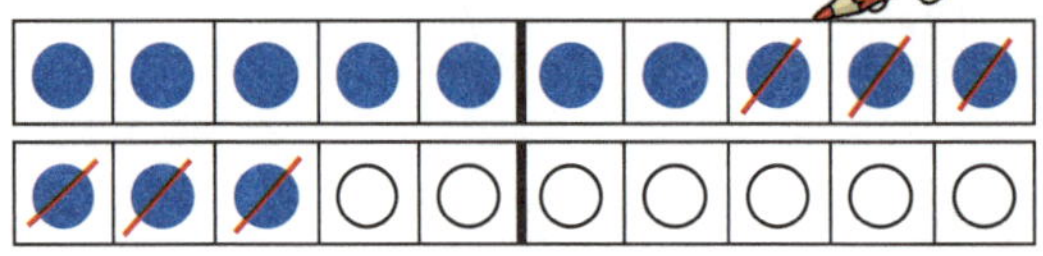

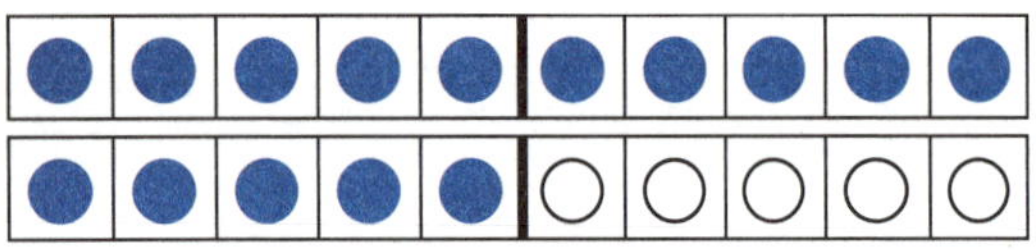

15 – 8 = ____

______________

______________

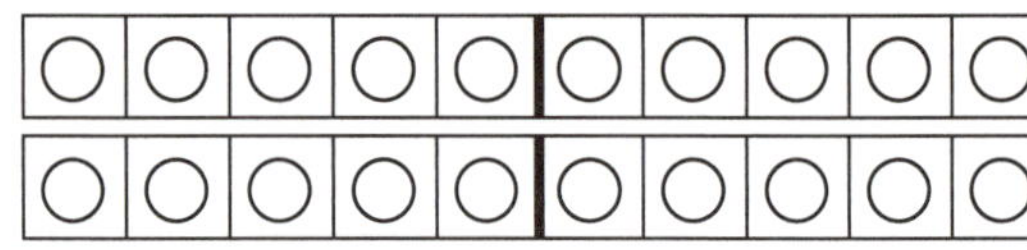

12 – 7 = ____

______________

______________

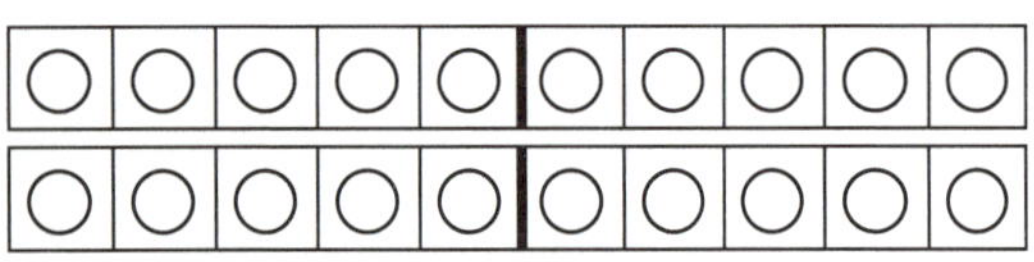

14 – 7 = ____

______________

______________

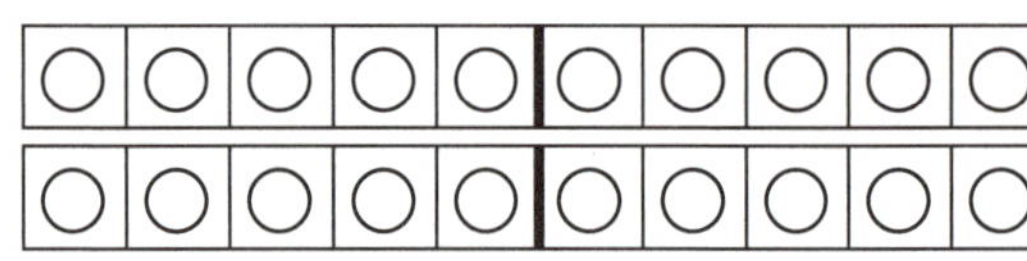

13 – 8 = ____

______________

______________

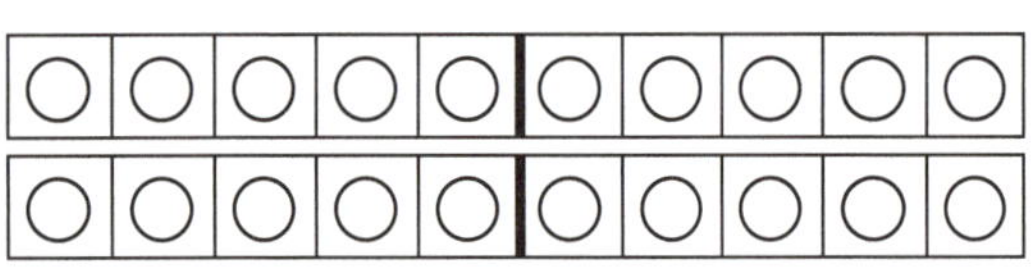

12 – 5 = ____

______________

______________

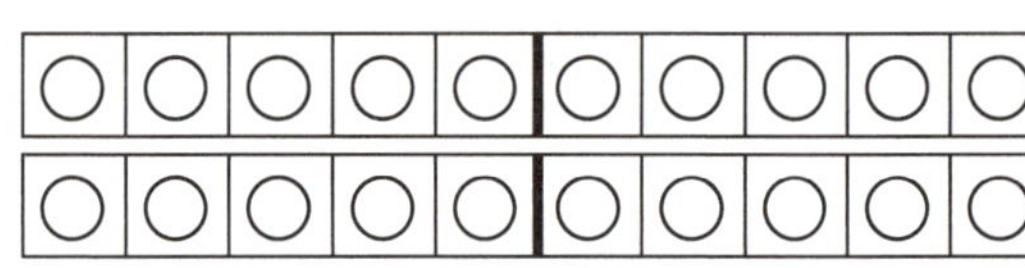

11 – 8 = ____

______________

______________

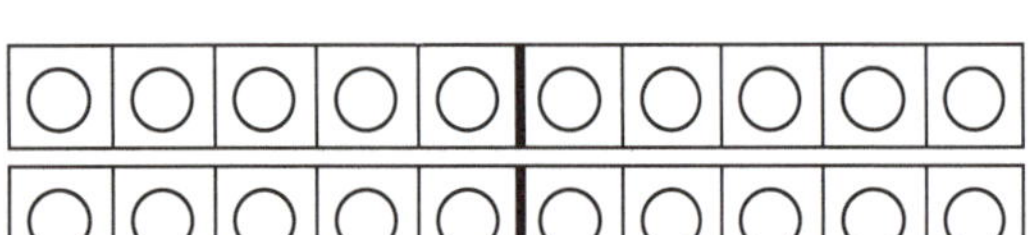

13 – 4 = ____

______________

______________

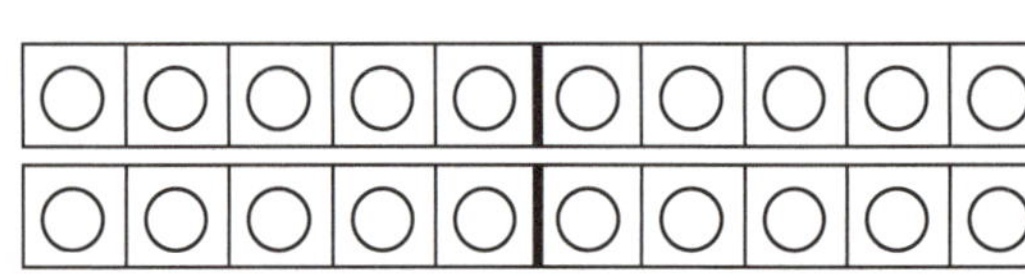

11 – 7 = ____

______________

______________

# Subtrahieren mit Überschreiten

Datum: ___

15 – 5 = 10,
10 – 2 = ___
___

15 – 7 = ___

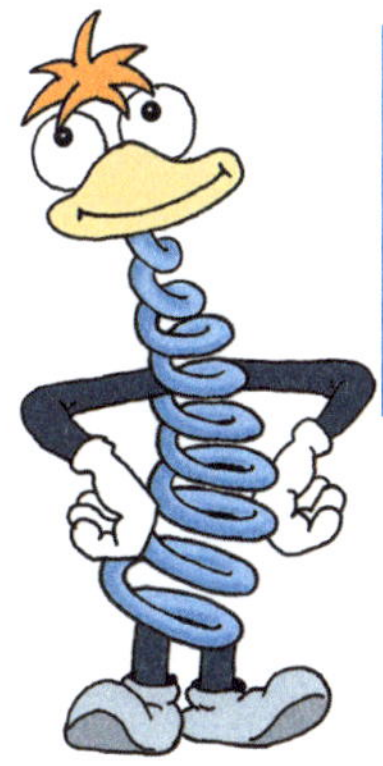

14 – 7 = 7, also
15 – 7 = ___
___

**1** Rechne wie Flex oder Flo.

17 – 8 = ___    19 – 9 = ___    13 – 6 = ___

**2**

11 – 7 = ___
11 – 1 =
___

17 – 9 = ___    13 – 5 = ___    12 – 4 = ___    16 – 7 = ___

**3** 11 – 8 = ___    11 – 4 = ___    14 – 8 = ___    16 – 9 = ___

**4**

13 – 9 = ___

16 – 9 = ___

12 – 8 = ___

13 – 8 = ___

3 Im Kopf rechnen oder die Zwischenschritte aufschreiben.

# Subtrahieren mit Überschreiten

Datum: ____________

**1**

13 – 4 = ____
12 – 4 = ____
11 – 4 = ____
____________

16 – 7 = ____
15 – 7 = ____
14 – ____________
____________

13 – 7 = ____
13 – 6 = ____
13 – 5 = ____
____________

12 – 8 = ____
12 – 7 = ____
____________
____________

**2**

13 – 7 = ____
14 – 7 = ____
15 – 7 = ____
16 – 7 = ____

12 – 8 = ____
13 – 8 = ____
14 – ____________
____________

14 – 9 = ____
14 – 8 = ____
14 – 7 = ____
____________

11 – 6 = ____
11 – 5 = ____
____________
____________

**3**

| – | 7 | 6 | 5 |
|---|---|---|---|
| 14 | | | |
| 13 | | | |

| – | 8 | 7 | 6 |
|---|---|---|---|
| 16 | | | |
| 15 | | | |

| – | 9 | 8 | 7 |
|---|---|---|---|
| 11 | | | |
| 13 | | | |

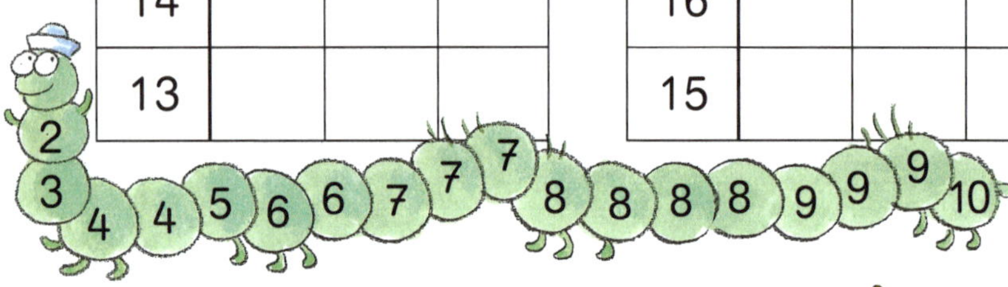


**4**

1 bis 3 Lösungen in der jeweiligen Raupe durchstreichen.

# Übungen zum Subtrahieren

Datum: ____________

3 = rosa, 5 = grün, 7 = weiß, 9 = blau
4 = orange, 6 = rot, 8 = braun, 10 = schwarz

# Übungen zum Subtrahieren

Datum: ______________

**1** Viele Minusaufgaben.

18 – 9 = ______

**2**

**3**

1, 2 Viele Minusaufgaben finden. 3 Passende Zahlen in die Blüten eintragen.

# Subtrahieren von zwei Zahlen

Datum: ____________

**1**

15  3  5

15 – ___ – ___ = ___

______________________

4  12  6

______________________

______________________

**2** Schreibe das richtige Ergebnis auf.

13  5  6

______________________

______________________

8  17  6

______________________

______________________

**3**

| | | |
|---|---|---|
| 16 – 3 – 6 = ___ | 12 – 2 – 5 = ___ | 18 – 8 – 8 = ___ |
| 13 – 3 – 7 = ___ | 17 – 8 – 6 = ___ | 12 – 5 – 2 = ___ |
| 15 – 6 – 7 = ___ | 14 – 4 – 9 = ___ | 19 – 9 – 5 = ___ |

**4** 4 Fehler! Schreibe das richtige Ergebnis auf.

| | | |
|---|---|---|
| 14 – 2 – 4 = 8 ___ | 17 – 6 – 7 = 5 ___ | 11 – 1 – 3 = 7 ___ |
| 16 – 4 – 6 = 6 ___ | 16 – 6 – 8 = 2 ___ | 13 – 5 – 3 = 5 ___ |
| 14 – 8 – 2 = 6 ___ | 15 – 4 – 5 = 6 ___ | 12 – 7 – 2 = 4 ___ |
| 15 – 7 – 5 = 3 ___ | 12 – 2 – 3 = 5 ___ | 17 – 8 – 7 = 2 ___ |

**5**

19 – 4 – 2 =

# Gerade und ungerade Zahlen

Datum: ____________

1 2 3 4 5 6 7 8 9 10 11 12 13 14 15 16

1 4

1 + 4 = 5

**1**

1 8

1 + 8 = ____

12 + 3 = ____

4 + 7 = ____

5 + 8 = ____

**2**

3 5

3 + 5 = ____

2 + 4 = ____

9 + 3 = ____

8 + 8 = ____

16 + 4 = ____

7 + 9 = ____

**3**

16

16

______________________

______________________

3 Selbst Plusaufgaben mit dem Ergebnis 16 bilden.

# Gerade und ungerade Zahlen

Datum: ____________

18 9 [ ]

18 – 9 = ____

**1**

6 3 [ ]

6 – 3 = ____

[ ] [ ] [ ]

12 – 5 = ____

[ ] [ ] [ ]

15 – 8 = ____

[ ] [ ] [ ]

17 – 6 = ____

**2**

13 5 [ ]

13 – 5 = ____

[ ] [ ] [ ]

7 – 3 = ____

[ ] [ ] [ ]

16 – 4 = ____

[ ] [ ] [ ]

11 – 7 = ____

[ ] [ ] [ ]

12 – 6 = ____

[ ] [ ] [ ]

14 – 8 = ____

**3**

[ ] [ ] 9

______________________

[ ] [ ] 9

______________________

[ ] [ ] 18

______________________

[ ] [ ] 20

______________________

3 Selbst Plus- oder Minusaufgaben bilden.

# Rechenmauern

Datum: ____________

1

2

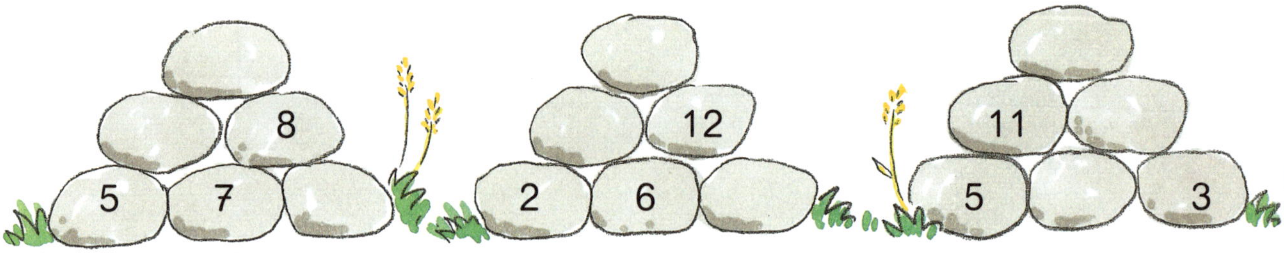


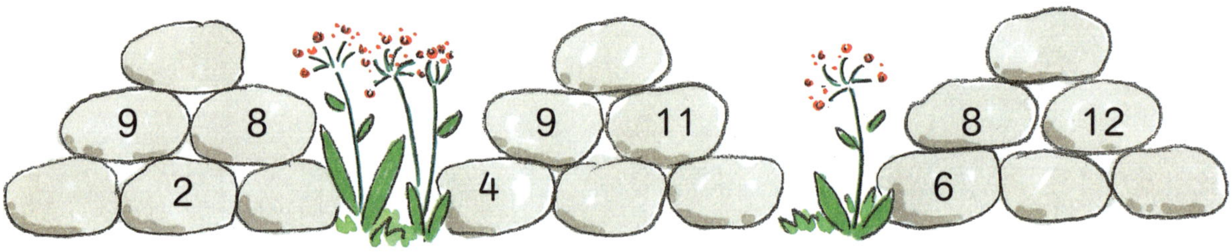


3

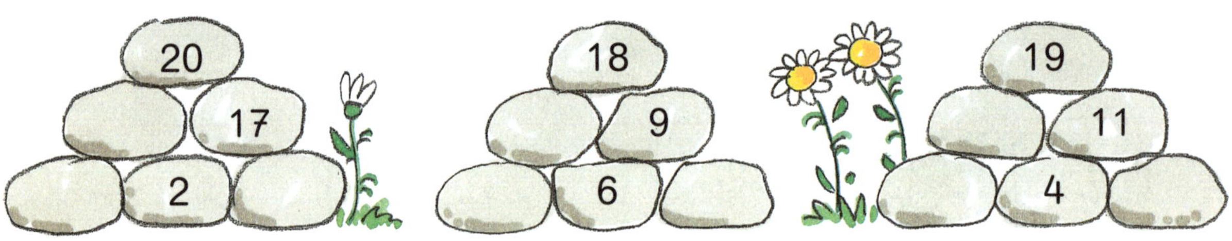


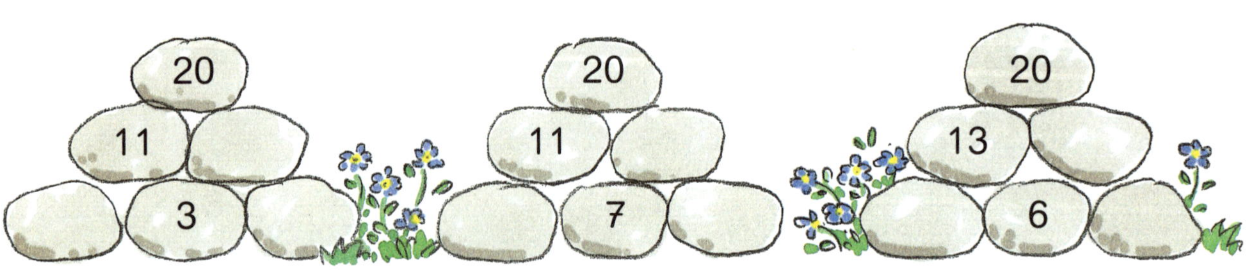


4

# Rechenmauern

Datum: ____________

1

2

3

4

2, 3 Verschiedene Möglichkeiten finden. 4 Selbst Rechenmauern bauen.

# Aufgabenfamilien

Datum: ______________

**1**

15 | 8 | 7

8 + 7 = 15
7 + 8 = 15
15 – 7 = ___
15 – ___ = ___

9 | 12 | 3

9 + 3 = ___
3 + ___ = ___
___ – ___ = ___
___ – ___ = ___

8 | 9 | 17

8 + 9 = ___
___ + ___ = ___
___ – ___ = ___
___ – ___ = ___

**2**

13 | 5 | 8

___ + ___ = ___
___ + ___ = ___
___ – ___ = ___
___ – ___ = ___

16 | 9 | 7

8 | 6 | 14

**3**

2 | 9 | 11

___ + ___ = ___
___ + ___ = ___
___ – ___ = ___
___ – ___ = ___

18 | 10 | 8

7 | 19 | 12

# Aufgabenfamilien

Datum: ____________

1

2

3

4

4 Selbst Aufgabenfamilien finden.

# Die Einspluseins-Tafel

Datum: ____________

| + | 0 | 1 | 2 | 3 | 4 | 5 | 6 | 7 | 8 | 9 | 10 |
|---|---|---|---|---|---|---|---|---|---|---|---|
| 0 | | 1 | 2 | | | | | | | | |
| 1 | | | | | | | | | | | |
| 2 | | | | | | | | | | | |
| 3 | | | | | | | | | | | |
| 4 | | | | | | | | | | | |
| 5 | | | | | | | | | | | |
| 6 | | | | | | | | | | | |
| 7 | | | | | | | | | | | |
| 8 | | | | | | | | | | | |
| 9 | | | | | | | | | | | |
| 10 | | | | | | | | | | | |

4 + 0 = 4

5 +

Zugehörige Aufgaben aufschreiben. Gesetzmäßigkeiten entdecken!

# Die Einspluseins-Tafel

Datum: ________

**1**

0 + 0 = 0

10 + 0 = 10

**2**

| 3 |
|---|

| 13 |
|---|

**3**

| 15 | 16 |
|---|---|
| 16 | 17 |

| | |
|---|---|
| 7 + 8 = 15 | 7 + 9 = 16 |
| 8 + 8 = | |

# Die Einsminuseins-Tafel

Datum: ____________

| − | 0 | 1 | 2 | 3 | 4 | 5 | 6 | 7 | 8 | 9 | 10 |
|---|---|---|---|---|---|---|---|---|---|---|---|
| 20 | | | | | | | | | | | |
| 19 | | | | | | | | | | | |
| 18 | | | | | | | | | | | |
| 17 | | | | | | | | | | | |
| 16 | | | | | | | | | | | |
| 15 | | | | | | | | | | | |
| 14 | | | | | | | | | | | |
| 13 | | | | | | | | | | | |
| 12 | | | | | | | | | | | |
| 11 | | | | | | | | | | | |
| 10 | | | | | | | | | | | |

11 – 5 = ____________

____________

____________

____________

____________

____________

Zugehörige Aufgaben aufschreiben. Gesetzmäßigkeiten entdecken.

# Die Einsminuseins-Tafel

Datum: ____________

**1**

| | | |
|---|---|---|
| 20 − 0 = | | |

**2**

| 17 | 3 | 2 |
|---|---|---|
| | | |

**3**

| 14 | 13 |
|---|---|
| 13 | 12 |

| | | | |
|---|---|---|---|
| 14 − 0 = 14 | | | |
| 13 − 0 = | | | |
| | | | |
| | | | |

2 Aufgaben mit dem Ergebnis 17, 3 oder 2 finden.

3 Zu den Ergebnissen in der Einsminuseins-Tafel die passenden Aufgaben schreiben.

# Große Aufgabenfamilien

Datum: ____________

**1**

5 2 7 12 | 2 5 7 9 | 5 6 11 17

**2**

4 1 5 9 | 7 10 13 | 8 11 19

# Unterschied

Datum: ____________

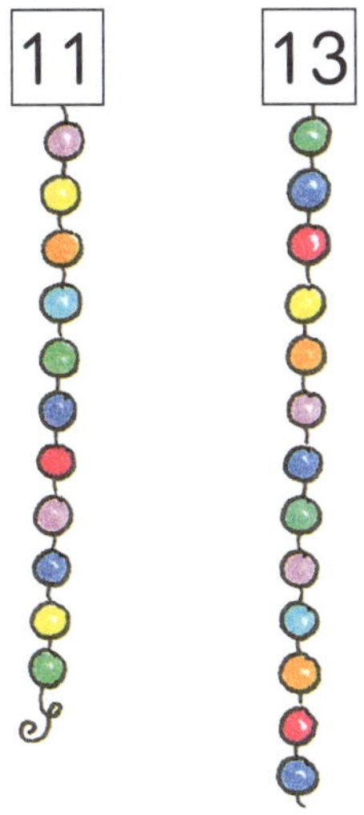

**1** Bestimme den Unterschied.

17 – ____________ Unterschied: ____

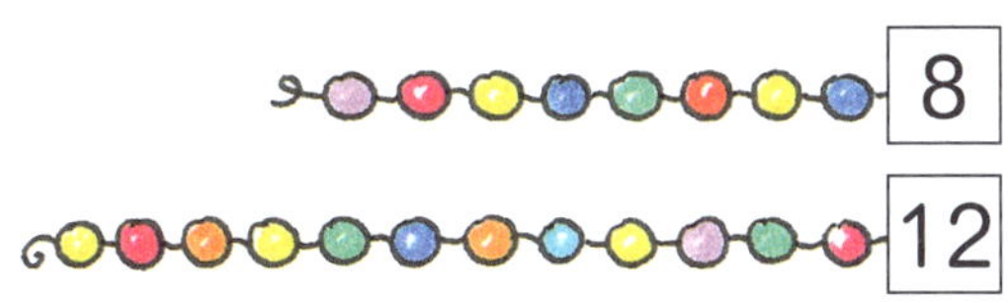


____________ Unterschied: ____

**2**

| 4 9 | 19 17 | 11 7 |
|---|---|---|
| Unterschied: ____ | Unterschied: ____ | Unterschied: ____ |
| 9 – 4 ____ | ____________ | ____________ |
| 7 20 | 6 8 | 17 7 |
| Unterschied: ____ | Unterschied: ____ | Unterschied: ____ |
| ____________ | ____________ | ____________ |

**3** 

| 13 ☐ | 13 ☐ | 14 ☐ | 19 ☐ |
|---|---|---|---|
| Unterschied: 2 | Unterschied: 3 | Unterschied: 4 | Unterschied: 5 |
| 12 ☐ | 12 ☐ | 19 ☐ | 18 ☐ |
| Unterschied: 3 | Unterschied: 6 | Unterschied: 7 | Unterschied: 4 |

3 Passende Zahlen finden.

# Ungleichungen

Datum: ____________

**1** Welche Lose gewinnen? Male sie an.

Gewinn: Ergebnis kleiner als 8

17 – 6 | 1 + 2 | 14 – 7 | 2 + 5 | 12 – 9 | 14 – 5 | 3 + 6 | 12 + 6

Gewinn: Ergebnis kleiner als 16

12 + 5 | 20 – 3 | 14 + 1 | 8 + 7 | 19 – 4 | 18 – 5 | 11 + 5 | 9 + 8

**2** Nur Gewinne.

Gewinn: Ergebnis größer als 9

8 + 3

Gewinn: Ergebnis kleiner als 18

**3** Setze ein: ◯<, ◯>, ◯=

| | | | |
|---|---|---|---|
| 5 + 1 (<) 7 | 17 + 3 ◯ 19 | 18 – 4 ◯ 10 | 12 + 4 ◯ 17 |
| 2 + 7 ◯ 7 | 18 + 0 ◯ 19 | 15 – 5 ◯ 10 | 10 + 3 ◯ 12 |
| 3 + 6 ◯ 7 | 20 – 1 ◯ 19 | 15 – 6 ◯ 10 | 15 – 4 ◯ 19 |
| 4 + 2 ◯ 7 | 15 + 2 ◯ 19 | 18 – 3 ◯ 10 | 16 – 1 ◯ 16 |

(2) Selbst Lose schreiben.

# Ungleichungen

Datum: ____________

**1** Male die passenden Kugeln an.

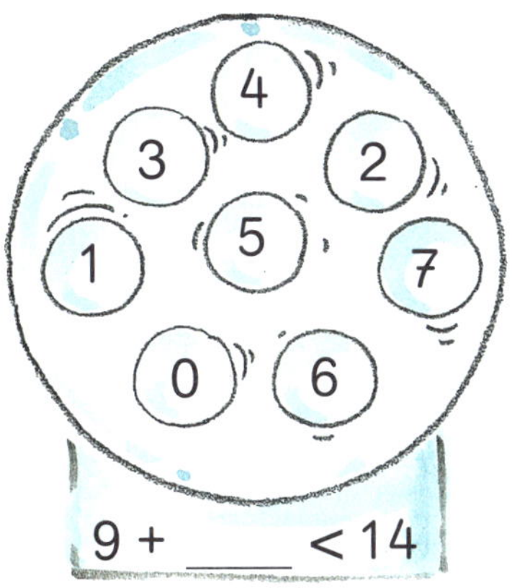

**2** Finde alle passenden Zahlen.

| 9 + ____ < 13 | 13 – ____ > 10 | 14 + ____ < 18 | 19 – ____ > 15 |
|---|---|---|---|
| 9 + 0 < 13 | | | |
| | | | |
| | | | |
| | | | |

**3** Welche Zahlen passen?

| | | | |
|---|---|---|---|
| 9 + ____ < 12 | 7 + ____ < 13 | 12 – ____ > 7 | 17 – ____ > 15 |
| 0, 1, ______ | ______ | ______ | ______ |
| 11 + ____ < 16 | 11 – ____ > 7 | 9 + ____ < 11 | 9 – ____ > 7 |
| ______ | ______ | ______ | ______ |
| 12 + ____ < 14 | 12 + ____ < 13 | 17 – ____ > 15 | 17 – ____ > 16 |
| ______ | ______ | ______ | ______ |

# Das kann ich jetzt

Datum: ____________

**1**

| V | Z | N |
|---|---|---|
| 2 | 3 | |
| | 9 | |
| | 10 | |
| 6 | | |
| | | 7 |

| V | Z | N |
|---|---|---|
| | 13 | |
| | 19 | |
| | 11 | |
| 16 | | |
| | | 17 |

| V | Z | N |
|---|---|---|
| | 14 | |
| 12 | | |
| | 16 | |
| | | 18 |
| 10 | | |

**2**

| | | | |
|---|---|---|---|
| 4 + 5 = 9 | 6 + 2 = ____ | ____________ | ____________ |
| 14 + 5 = ____ | ____________ | 12 + 4 = ____ | 13 + 4 = ____ |

| | | | |
|---|---|---|---|
| 9 – 4 = ____ | 8 – 4 = ____ | ____________ | ____________ |
| 19 – 4 = ____ | ____________ | 16 – 5 = ____ | 14 – 2 = ____ |

gerade Zahlen ungerade Zahlen

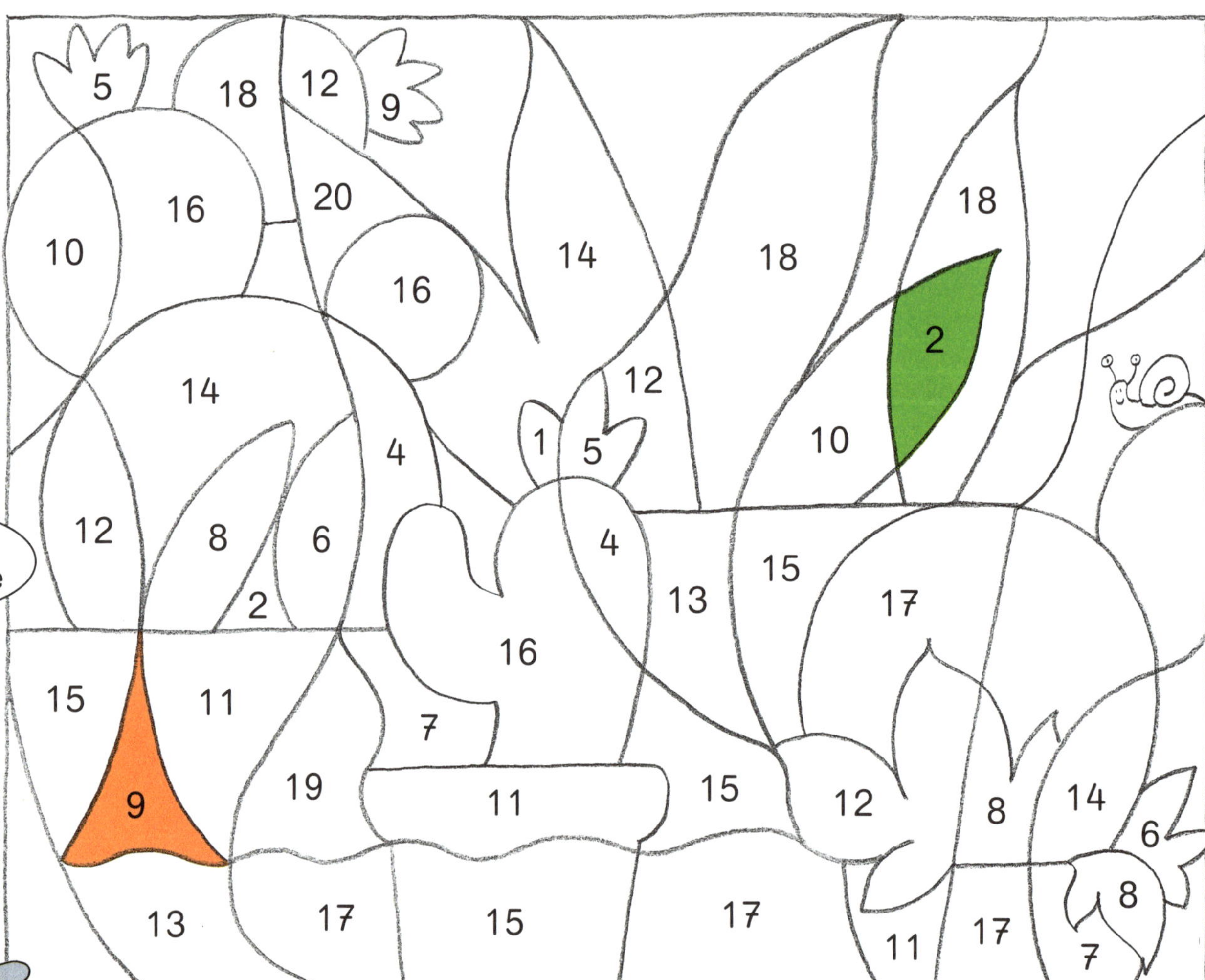

Ergebnisse von Aufgabe 1 und 2 im Bild suchen und anmalen.

# Das kann ich jetzt

Datum: ____________

**1**

**2**

**3**

18 – 6 – 4 = ____
15 – 3 – 5 = ____
14 – 7 – 4 = ____
16 – 6 – 4 = ____

3 + 2 + 7 = ____
5 + 4 + 6 = ____
7 + 3 + 6 = ____
6 + 4 + 4 = ____

3 + 5 – 4 = ____
8 + 8 – 6 = ____
14 – 5 + 9 = ____
13 – 8 + 7 = ____

**4**

| + | 8 | 6 | 9 |
|---|---|---|---|
| 7 | | | |
| 5 | | | |
| 9 | | | |

| + | | 7 | 5 |
|---|---|---|---|
| 9 | 12 | | |
| 4 | | | |
| | | | 13 |

| – | 9 | 5 | |
|---|---|---|---|
| 11 | | | |
| 15 | | | |
| | 4 | | 7 |

**5**

# Malnehmen

Datum: ________

6 + 6 + 6

**1**

3 mal 4 Becher

___ Becher

2 mal 5 Zitronen

___ Zitronen

3 mal 6 Eier

___ Eier

**2**

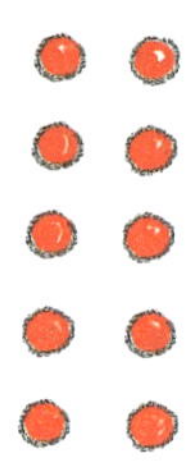

___ mal ___ Perlen

___ Perlen

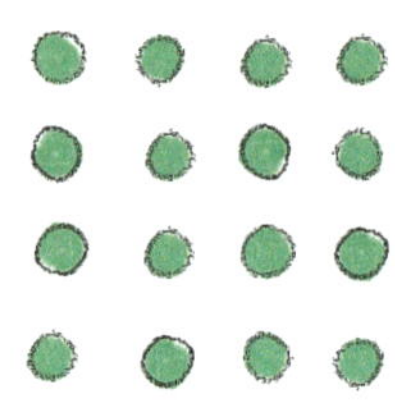

___ mal ___ Perlen

___ Perlen

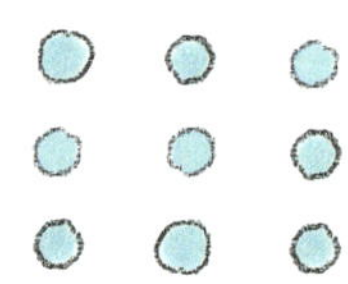

___ mal ___ Perlen

___ Perlen

**3**

___ mal ___ Dreiecke

___ Dreiecke

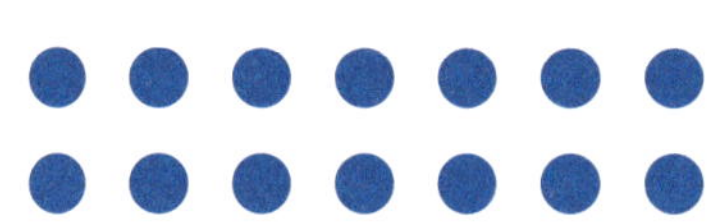

___ mal ___ Kreise

___ Kreise

___ mal ___ Quadrate

___ Quadrate

**4**

___ mal ___ Punkte

___ Punkte

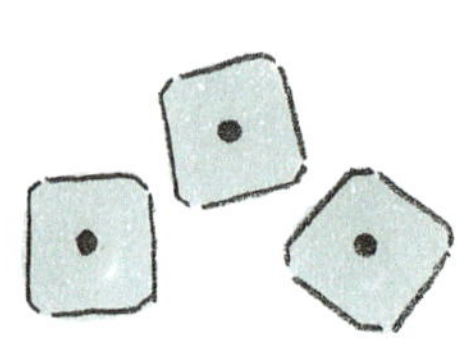

___ mal ___ Punkte

___ Punkte

___ mal ___ Punkte

___ Punkte

# Zehnerzahlen bis 100

Datum: ____________

1

2

3

4

1 bis 4 Fehlende Zahlen eintragen.

# Zehnerzahlen bis 100

Datum: ____________

**1**

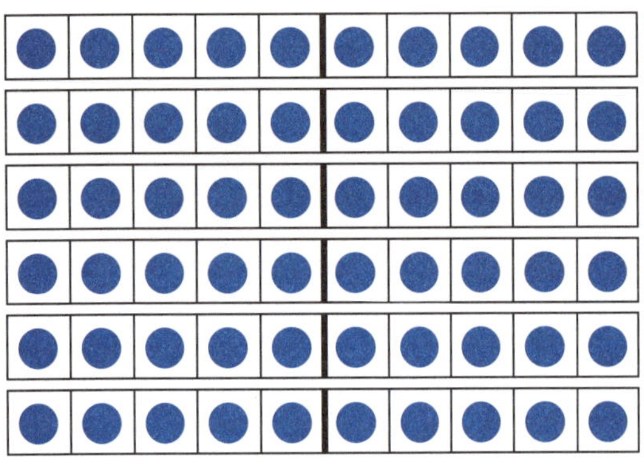

____ Z = ____

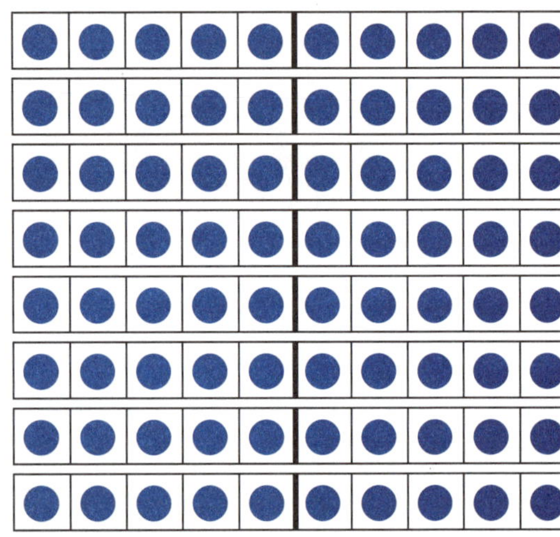

____ Z = ____

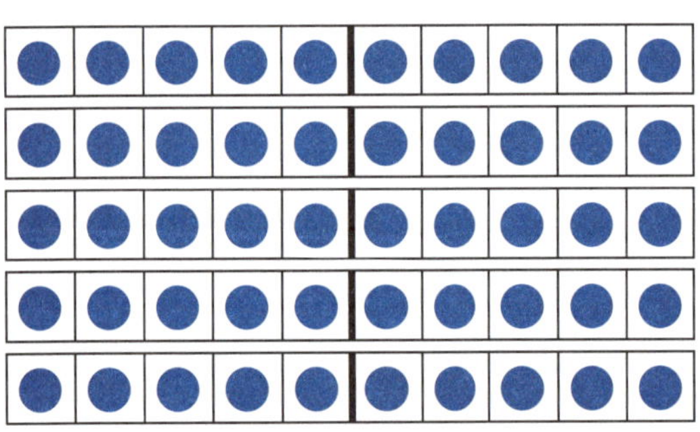

____ Z = ____

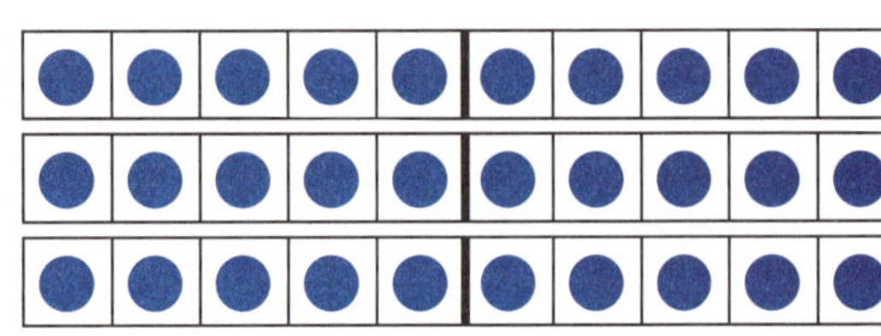

____ Z = ____

**2**

| 1 Z | 3 Z | 7 Z | 9 Z | 4 Z | 8 Z | 2 Z | 6 Z | 10 Z | 5 Z |
|---|---|---|---|---|---|---|---|---|---|
| 30 | 70 | 10 | 40 | 90 | 80 | 60 | 100 | 20 | 50 |